ENFANTS

Guide pratique des
PREMIERS SOINS

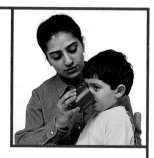

Avec la collaboration du
SAMU
de Paris

ENFANTS

Guide pratique des
PREMIERS SOINS

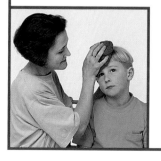

Sélection
du Reader's Digest

PARIS • BRUXELLES • MONTRÉAL • ZURICH

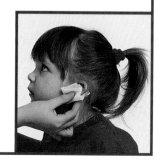

UN LIVRE DORLING KINDERSLEY

ENFANTS
GUIDE PRATIQUE DES PREMIERS SOINS
est l'adaptation française de *First Aid For Children Fast*,
créé et réalisé par Dorling Kindersley Ltd (Londres)

ÉDITION ORIGINALE

Direction de l'ouvrage : Caroline Greene. **Éditeurs :** Jane Bull, Jemima Dunne. **Direction artistique :** Tina Vaughan.
Maquettiste PAO : Karen Ruane. **Fabrication :** Maryann Rogers. **Photographies :** Andy Crawford, Steve Gorton.

ÉDITION FRANÇAISE

Traduction : Édith Ochs. **Réalisation :** Copyright.
Sous la direction de l'équipe éditoriale de Sélection du Reader's Digest. **Direction éditoriale :** Gérard Chenuet.
Responsables de l'ouvrage : Élizabeth Glachant, Paule Meunier. **Couverture :** Dominique Charliat.
Fabrication : Jacques Michiels.

PREMIÈRE ÉDITION
Édition originale
©1994, Dorling Kindersley Limited
Édition française
© 1995, Sélection du Reader's Digest, S.A., 212, boulevard Saint-Germain, 75007 Paris
© 1995, N.V. Reader's Digest, S.A., 29, quai du Hainaut, 1080 Bruxelles
© 1995, Sélection du Reader's Digest, S.A., Räffelstrasse 11, « Gallushof », 8021 Zurich

ISBN : 2.7098.0587.1

Achevé d'imprimer : mai 1995
Dépôt légal en France : juin 1995
Dépôt légal en Belgique : D. 1995. 0621.71

Impression et reliure : Butler and Tanner
Imprimé en Grande-Bretagne
Printed in Great Britain

Préface

Lorsqu'un enfant est victime d'un accident ou est malade, ses parents sont d'autant plus angoissés qu'ils sont ignorants des premiers gestes à réaliser et qu'ils se sentent impuissants.

Ce manuel vient donc à point, et son mérite est de présenter les gestes simples qui doivent être effectués par l'entourage en attendant le médecin de famille dans un grand nombre de situations critiques. Ces gestes, pour être parfaitement effectués, doivent avoir été enseignés en pratique. On ne saurait donc trop conseiller au public de prendre quelques leçons de secourisme après une première lecture.

La reconnaissance de signes simples, facilitée par de bonnes illustrations, permettra au lecteur de faire rapidement une première analyse de la situation et de prendre les mesures adaptées à la situation de l'enfant.

Ce livre présente en outre d'utiles mesures de prévention des accidents que tout parent devrait connaître. Il doit donc trouver sa place dans toute bibliothèque familiale.

Pr Geneviève Barrier

Directeur du SAMU de Paris
Chef du département
d'anesthésiologie-réanimation
chirurgicale de l'hôpital
NECKER-ENFANTS
MALADES

Dr Yves Louville

Maître de conférences des
Universités
Département d'anesthésiologie-
réanimation chirurgicale de
l'hôpital NECKER-ENFANTS
MALADES

SOMMAIRE

INTRODUCTION

Ce livre a été conçu en premier lieu pour les parents, mais aussi pour d'autres adultes – grands-parents, instituteurs, gardes d'enfants, baby-sitters, moniteurs – qui peuvent être, de manière régulière ou occasionnelle, responsables de jeunes enfants. Son contenu est présenté avec logique et les explications sont largement illustrées, avec des mots simples et des légendes qui rendent les illustrations faciles à suivre et à comprendre.

Les urgences sont, par nature, des événements inattendus qui exigent des réactions appropriées et immédiates. En respectant les avis et les consignes de cet ouvrage, vous serez en mesure d'apporter à tout moment une aide rapide et efficace. Mais vous ne devez pas oublier que, pour acquérir une certaine pratique, de même que de l'assurance et du savoir-faire, il faut une formation spécialisée des soins en première urgence. La Croix-Rouge a des branches et des centres dans tout le pays et dispense des cours très variés, certains consacrés plus particulièrement aux enfants en bas âge. Vous pouvez vous renseigner en appelant la Croix-Rouge de votre secteur ; vous trouverez le numéro dans l'annuaire ou sur le Minitel.

Administrer les premiers soins, qui impliquent d'assumer l'urgence en faisant les gestes adéquats, vite et bien, peut être simple mais stressant, parfois éprouvant (surtout s'il s'agit de son propre enfant) et même dangereux. Il est alors primordial de conserver son sang-froid et d'éviter tout acte précipité qui pourrait nuire à l'enfant ou à soi-même. On ne peut être d'aucune utilité si l'on se blesse, il est donc important de réfléchir avant d'agir. Ce livre a pour ambition de vous aider à faire le bon geste au bon moment, dans la sécurité et l'efficacité.

L'éditeur

Comment utiliser ce livre

Cet ouvrage prend en compte toutes les situations, de la simple égratignure à la réanimation. Pour chacune, une série de photographies vous montre avec précision les premiers gestes à faire. Les informations principales sont illustrées et le texte décrit étape par étape l'ensemble de la marche à suivre. Les blessures sont classées par types, dans des chapitres tels que Blessures et hémorragie, Morsures et piqûres. Toutefois, en cas d'urgence, l'index au dos du livre vous conduira directement à la bonne page.

Dans des chapitres tels que Agir en cas d'urgence et Bandages et pansements, vous trouverez des renseignements d'ordre général.

La description des symptômes vous permettra d'établir un diagnostic

Des annotations décrivent le geste principal

Des photos claires illustrent les étapes des soins à donner

L'index au dos du livre vous donne un accès immédiat aux principales situations d'urgence

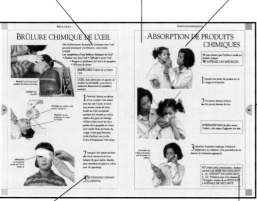

Les symboles indiquent à qui s'adresser pour les soins supplémentaires

Des indications vous renvoient aux pages traitant de blessures analogues

Les symboles
Les symboles et messages suivants apparaissent si l'enfant a besoin de soins supplémentaires :

☎ APPELEZ UN MÉDECIN
(téléphonez pour le consulter)

H CONDUISEZ L'ENFANT À L'HÔPITAL
(L'enfant a besoin d'être transporté au service des urgences de l'hôpital le plus proche)

☎ APPELEZ LE SAMU (Tél. : 15)
(L'enfant a besoin de soins urgents et son état nécessite un transport en ambulance jusqu'à l'hôpital)

9

AGIR EN CAS D'URGENCE

En situation d'urgence, surtout quand des enfants sont impliqués,
il faut rester calme et faire preuve de bon sens. Quatre étapes sont à retenir :

1 Évaluez la situation

- Que s'est-il passé ?
- Comment cela s'est-il passé ?
- Y a-t-il un ou plusieurs enfants blessés ?

- Le danger persiste-t-il ?
- Peut-on trouver de l'aide sur place ?
- Faut-il appeler le SAMU (☎ 15) ?

2 La sécurité avant tout

- Ne prenez pas le risque de vous blesser, vous ne seriez dans ce cas d'aucun secours
- Éloignez de l'enfant tout risque de danger
- Évitez de bouger l'enfant, mais, si c'est indispensable, faites-le avec beaucoup de précautions

3 Soignez les blessures graves en premier

Deux cas présentent un risque vital pour l'enfant :

- *Une hémorragie.* Elle est généralement apparente et peut être arrêtée (voir HÉMORRAGIE, p. 46)
- *L'incapacité de respirer* (voir ABC DE LA RÉANIMATION, p. 14)

Si deux enfants ou plus sont blessés, allez d'abord vers celui qui ne bouge pas : il peut être inconscient.

4 Demandez du secours

Réclamez vite de l'aide. Demandez aux personnes arrivées sur place de :

- S'assurer de la sécurité des lieux • Appeler un médecin ou le SAMU (☎ 15)
- Apporter les premiers secours • Mettre l'enfant en sécurité si nécessaire.

Téléphonez aux urgences

Quand vous appelez les urgences, donnez les précisions suivantes :

- Votre nom
- Votre numéro de téléphone
- Le lieu de l'accident
- Le type d'accident
- Le nombre de blessés, l'âge et le sexe

- Des précisions concernant leur état
- Des précisions sur l'accident (gaz, ligne électrique détériorée, fumée...)

LE FEU

Appelez le 18. Prévoyez un plan d'évacuation
Sans attendre une situation d'urgence,
demandez-vous :
- *Comment évacuer chaque pièce*
- *Comment faire pour les tout-petits*
- *Où se retrouver après la fuite*

FRITEUSE EN FEU • *Coupez la source de chaleur* • *Posez un couvercle, une serviette mouillée ou une couverture épaisse sur le récipient et laissez-la au moins une demi-heure* • **PAS** *d'eau sur les flammes* • *Si le feu persiste, fermez la porte, appelez les pompiers (☎ 18) et faites évacuer la maison.*

Échapper au feu

1 Touchez la porte. Si elle est fraîche, sortez. Sinon, voir ci-contre.

N'OUBLIEZ PAS : *Transportez les plus petits* • *Ceux qui ont six ans ou plus ne doivent être responsables que d'eux-mêmes ; ne leur demandez rien d'autre*
- *Fermez les portes en partant*
- *Donnez-vous rendez-vous dehors*
- *NE RETOURNEZ JAMAIS sur vos pas*
- *Trouvez un téléphone pour appeler à l'aide*

2 Si la porte est chaude, ne l'ouvrez pas. Allez à la fenêtre.

FERMEZ la porte en partant

SORTEZ vite. **NE REVENEZ PAS SUR VOS PAS**

SI *vous devez sortir par la fenêtre, faites glisser l'enfant à l'extérieur, retenez-le, puis demandez-lui de se laisser tomber. Sortez à votre tour, accrochez-vous au rebord de la fenêtre, puis sautez. Si vous avez dû casser la vitre, posez une couverture sur l'encadrement avant de sortir.*

PLACEZ une couverture en bas de la porte contre la fumée

FAITES asseoir les enfants au niveau du sol, où l'air est moins enfumé

FAITES signe à la fenêtre pour appeler à l'aide

11

Vêtements en feu

S'il n'y a pas d'eau
Enveloppez l'enfant bien serré dans un manteau, une couverture ou un tapis (en matière non synthétique) et posez-le par terre pour étouffer les flammes.

S'il y a de l'eau
Allongez l'enfant, le côté atteint vers le haut, et arrosez-le d'eau ou de tout autre liquide non inflammable.

EMPÊCHEZ *l'enfant de courir sous l'effet de la panique, cela active les flammes.*
NE ROULEZ PAS *l'enfant par terre. Les flammes gagneraient du terrain.*

SI *vos vêtements prennent feu, enveloppez-vous dans un tissu épais et allongez-vous.*

ÉLECTROCUTION

Si un enfant s'électrocute, sa respiration peut s'arrêter, ainsi que son cœur. L'électricité peut provoquer des brûlures en entrant et en sortant du corps. Le courant alternatif provoque des spasmes qui peuvent empêcher l'enfant de lâcher le fil électrique.

LE CONTACT *avec le courant des lignes à haute tension ou des câbles aériens peut tuer un enfant. Les brûlures sont graves et l'enfant peut être projeté à plusieurs mètres du point de contact.* **NE VOUS APPROCHEZ PAS** *de l'enfant tant que le courant n'a pas été coupé, sinon vous risqueriez de faire office de « conducteur » du courant.*

Le courant de basse tension

Les enfants peuvent recevoir une décharge électrique s'ils jouent avec des prises ou des fils électriques, ou s'ils versent de l'eau sur un appareil électrique.

SI *l'enfant semble indemne, mettez-le au lit et observez son comportement.* ☎ *APPELEZ UN MÉDECIN*

1 Coupez le contact en débranchant le fil.

2 Si vous ne pouvez pas couper le courant, mettez-vous debout sur un matériau isolant, des annuaires ou un coffret en bois. Prenez un manche à balai en bois ou une chaise pour éloigner l'enfant du fil.

SI *l'enfant perd connaissance, vérifiez son état* (voir BÉBÉ INCONSCIENT, *p. 16;* ENFANT INCONS-CIENT, *p. 22). Rafraîchissez ses blessures à l'eau froide* (voir BRÛLURE ÉLECTRIQUE, *p. 62). Préparez-vous à le réanimer. S'il respire, mettez-le en POSITION LATÉRALE DE SÉCURITÉ.*

NE TOUCHEZ PAS *la peau de l'enfant avec vos mains. Ne tirez sur ses vêtements qu'en dernier recours.*

PLACEZ-VOUS sur un matériau isolant

ÉLOIGNEZ le fil

3 Sans toucher l'enfant, passez une serviette sèche autour de ses chevilles et écartez-le de la source de courant.

☎ APPELEZ LE SAMU (Tél. : 15)

PASSEZ une serviette sèche autour des pieds et tirez

12

NOYADE

Les bébés et les petits enfants peuvent facilement se noyer s'ils tombent dans une piscine ou un étang ou si on les laisse sans surveillance dans le bain. Il suffit de 2,5 cm d'eau pour recouvrir le nez et la bouche d'un bébé s'il tombe en avant.

MAINTENEZ la tête positionnée plus bas que la poitrine

UN ENFANT *peut courir un grand risque dans l'eau, surtout si elle est tumultueuse ou très froide. Il faut vite l'en sortir. Essayez de l'attraper à partir de la rive en lui tendant la main ou un bâton. Séchez-le et réchauffez-le au plus vite (voir aussi HYPOTHERMIE, p. 94).*

1 Sortez l'enfant de l'eau. Portez-le, tête positionnée plus bas que la poitrine pour éviter qu'il n'inspire de l'eau.

2 Appelez les pompiers.

3 H TRANSPORTEZ-LE À L'HÔPITAL, même s'il semble être remis, car de l'eau a pu passer dans les poumons.

Enfant inconscient

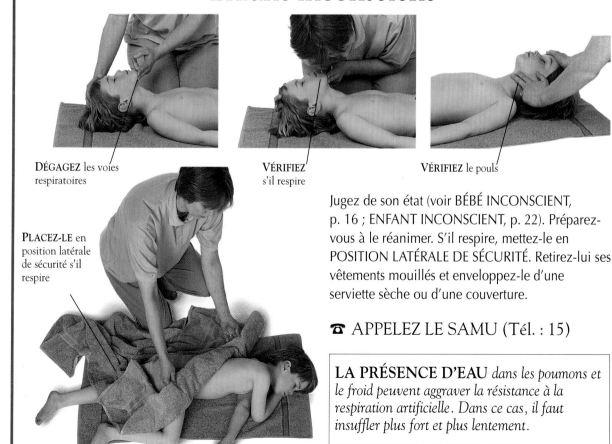

DÉGAGEZ les voies respiratoires

VÉRIFIEZ s'il respire

VÉRIFIEZ le pouls

PLACEZ-LE en position latérale de sécurité s'il respire

Jugez de son état (voir BÉBÉ INCONSCIENT, p. 16 ; ENFANT INCONSCIENT, p. 22). Préparez-vous à le réanimer. S'il respire, mettez-le en POSITION LATÉRALE DE SÉCURITÉ. Retirez-lui ses vêtements mouillés et enveloppez-le d'une serviette sèche ou d'une couverture.

☎ APPELEZ LE SAMU (Tél. : 15)

LA PRÉSENCE D'EAU *dans les poumons et le froid peuvent aggraver la résistance à la respiration artificielle. Dans ce cas, il faut insuffler plus fort et plus lentement.*

13

ABC DE LA RÉANIMATION

Un bébé ou un enfant qui s'arrête de respirer va perdre connaissance parce que le cerveau sera privé d'oxygène. Le manque d'oxygène entraîne un ralentissement du pouls, qui finit par s'arrêter. Si l'enfant est inconscient et s'arrête de respirer, il faut lui ouvrir la bouche et lui insuffler de l'air dans les poumons (respiration artificielle ou bouche-à-bouche). Si le pouls s'arrête ou si, dans le cas d'un bébé, il est très faible, il faut envoyer du sang au cerveau par compression du thorax. Cette association de la respiration artificielle et du massage cardiaque s'appelle la réanimation cardio-respiratoire (ou RCR).

POUR *la RÉANIMATION D'UN BÉBÉ, voir p. 16*
POUR *la RÉANIMATION D'UN ENFANT, voir p. 22*

ÉVALUEZ
l'état du bébé
et agissez

ÉVALUEZ
l'état de
l'enfant et
agissez

14

A comme air

Il faut que l'air puisse circuler. Cherchez ce qui peut faire obstruction au passage de l'air dans la bouche. Basculez la tête en arrière et soulevez le menton pour que la langue ne bloque pas le fond de la gorge.

Pour un bébé

Pour un enfant

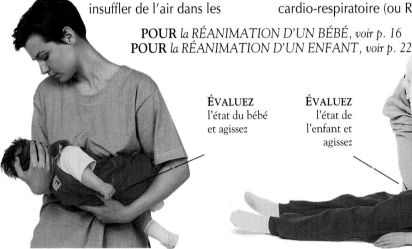

Tête droite, larynx bloqué

LANGUE en arrière

VOIES RESPIRATOIRES obstruées

Tête renversée, larynx libéré

LANGUE en avant

VOIES RESPIRATOIRES dégagées

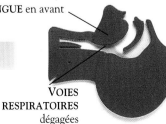

RENVERSEZ très légèrement la tête en arrière

BASCULEZ la tête en arrière pour libérer les voies respiratoires

B comme bouche-à-bouche

Pour un bébé

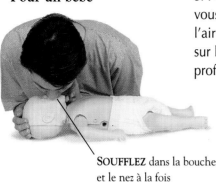

Si l'enfant ne respire pas alors que vous avez éliminé ce qui empêchait l'air de passer, posez votre bouche sur la sienne et soufflez profondément.

Pour un enfant

PINCEZ le nez et soufflez dans la bouche

SOUFFLEZ dans la bouche et le nez à la fois

C comme compression

Pour un bébé

Si le cœur de l'enfant s'est arrêté et que vous ne sentez plus son pouls, ou si le pouls d'un bébé est très lent, des compressions thoraciques enverront le sang au cœur et dans le corps. Cela doit être associé à la respiration artificielle. L'association des deux techniques s'appelle la réanimation cardio-respiratoire.

Pour un enfant

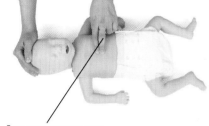

LES COMPRESSIONS du thorax se font avec deux doigts

LES COMPRESSIONS du thorax se font avec une seule main

15

Évaluez la situation

Pour un bébé, il vous faut trois éléments :

1 Le bébé est-il conscient ?

2 Respire-t-il ?

3 Son pouls bat-il ? Est-il très lent ?

Avant de vous précipiter vers l'enfant, vérifiez si tout danger est écarté (incendie, émanations, électricité, risque d'effondrement). Vous ne pourrez vous rendre utile si vous vous blessez. Appelez à l'aide si quelqu'un est à portée de voix. Essayez d'éloigner le danger de l'enfant et ne bougez un enfant blessé que si vous y êtes contraint.

Pour un enfant, il vous faut trois éléments :

1 L'enfant est-il conscient ?

2 Respire-t-il ?

3 Son pouls bat-il ?

BÉBÉ INCONSCIENT (MOINS DE 1 AN)

Évaluez l'état du bébé.

1 Cherchez à provoquer une réaction

- Secouez doucement le bébé
- Dites son nom
- Pincez-le

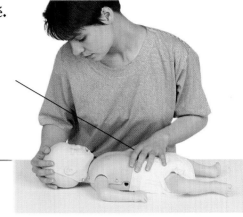

SECOUEZ-LE doucement

2 ☎ Appelez à l'aide

3 Dégagez les voies respiratoires

- Libérez la bouche d'une éventuelle obstruction
- Soulevez le menton avec le doigt
- Renversez la tête en arrière

EXPLOREZ la bouche

SOULEVEZ le menton

BASCULEZ légèrement la tête en arrière

4 Vérifiez la respiration

- L'entendez-vous respirer?
- Sentez-vous son souffle sur votre joue?
- Le thorax se soulève-t-il?
- Attendez cinq secondes avant de conclure à une absence de respiration

ENTENDEZ-VOUS son souffle?

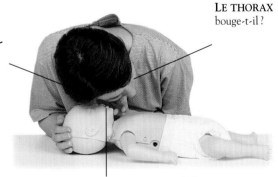

LE THORAX bouge-t-il?

SENTEZ-VOUS de l'air sur votre joue?

5 Vérifiez le pouls

- Posez votre pouce à l'extérieur du bras, à mi-chemin entre l'épaule et le coude
- Prenez le pouls à l'intérieur du bras avec deux doigts, en pressant doucement sur l'os
- Comptez pendant cinq secondes (le pouls normal d'un bébé est de 120 pulsations à la minute environ)

PRENEZ le pouls à l'intérieur du bras

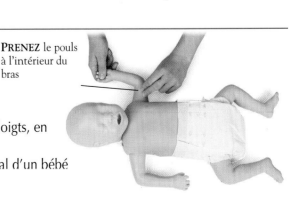

16

Comment agir

Le bébé est inconscient, mais il respire et son pouls bat	**Il ne respire pas, mais son pouls est fort**	**Il ne respire pas, son pouls est très faible ou nul (moins de 60 pulsations à la minute)**

1 Soignez les blessures graves telles que brûlures (p. 60) ou hémorragie (p. 46).

2 Bercez-le doucement, la tête légèrement penchée en arrière.

3 ☎ APPELEZ LE SAMU (Tél. : 15) Si vous êtes seul, allez téléphoner avec le bébé dans vos bras.

4 Gardez l'enfant contre vous en attendant les secours.

---

1 Pratiquez le bouche-à-bouche (une vingtaine d'insufflations à la minute). Voir page suivante.

2 Après 20 insufflations ☎ APPELEZ LE SAMU (Tél. : 15). Si vous êtes seul, allez téléphoner avec le bébé dans vos bras.

3 Poursuivez la respiration artificielle.

4 Vérifiez le pouls toutes les minutes (après chaque série d'une vingtaine d'insufflations).

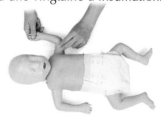

---

1 ☎ APPELEZ LE SAMU (Tél. : 15) Si vous êtes seul, allez téléphoner avec le bébé dans vos bras.

2 Pratiquez la réanimation cardio-respiratoire : cinq compressions thoraciques suivies d'une insufflation bouche-nez. À répéter pendant une minute (voir p. 20).

3 Poursuivez la réanimation cardio-respiratoire jusqu'à l'arrivée des secours.

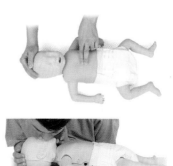

17

RESPIRATION ARTIFICIELLE : LE BÉBÉ

À pratiquer sur un bébé (moins de 1 an) inconscient qui ne respire pas mais dont le pouls bat bien (plus de 60 pulsations à la minute). Voir p. 16.

ABRÉGÉ DE RÉANIMATION

BÉBÉ INCONSCIENT

VOIES RESPIRATOIRES DÉGAGÉES

PAS DE RESPIRATION

POULS CORRECT

PRATIQUEZ
LE BOUCHE-À-BOUCHE
PENDANT UNE MINUTE

POULS CORRECT

☎ APPELEZ
LE SAMU (Tél. : 15)

POURSUIVEZ
LE BOUCHE-À-BOUCHE
JUSQU'À L'ARRIVÉE DES SECOURS

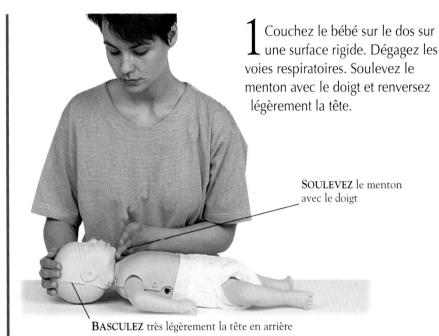

1 Couchez le bébé sur le dos sur une surface rigide. Dégagez les voies respiratoires. Soulevez le menton avec le doigt et renversez légèrement la tête.

SOULEVEZ le menton avec le doigt

BASCULEZ très légèrement la tête en arrière

2 Appliquez les lèvres autour de la bouche et du nez du bébé. Soufflez dans les poumons jusqu'à ce que la poitrine se soulève.

SOUFFLEZ dans la bouche et le nez du bébé

REGARDEZ la poitrine se soulever

RETIREZ votre bouche

3 Retirez vos lèvres et laissez la poitrine s'abaisser.

SI *la poitrine du bébé ne réagit pas, explorez de nouveau la bouche. N'enfoncez de doigt dans la gorge que si vous voyez quelque chose.*

REGARDEZ la poitrine s'abaisser

18

4 Poursuivez le bouche-à-bouche pendant une minute, au rythme d'une respiration complète toutes les trois secondes (20 respirations par minute)

INSUFFLEZ de l'air toutes les trois secondes

REGARDEZ la poitrine s'abaisser après chaque insufflation

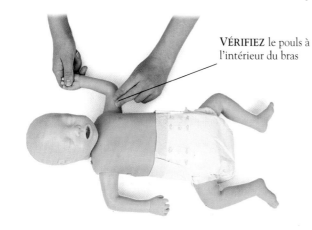

VÉRIFIEZ le pouls à l'intérieur du bras

5 Arrêtez pour vérifiez le pouls (voir p. 16). S'il ralentit ou s'il ne bat plus, commencer la réanimation cardio-respiratoire, ou RCR (voir page suivante).

19

6 ☎ APPELEZ LE SAMU (Tél. : 15)
Si vous êtes seul, allez téléphoner avec l'enfant dans vos bras.

7 Poursuivez le bouche-à-bouche jusqu'à l'arrivée des secours. Prenez le pouls toutes les minutes. S'il faiblit ou s'arrête, faites la RCR (voir page suivante).

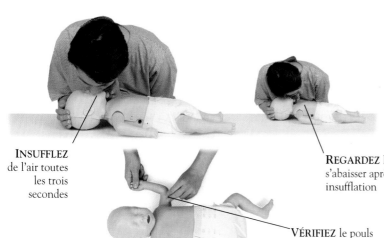

INSUFFLEZ de l'air toutes les trois secondes

REGARDEZ la poitrine s'abaisser après chaque insufflation

VÉRIFIEZ le pouls toutes les minutes

RCR (RÉANIMATION CARDIO-RESPIRATOIRE) : LE BÉBÉ

À pratiquer sur un bébé (moins de 1 an) inconscient qui ne respire plus et dont le pouls est arrêté ou bat à moins de 60 pulsations à la minute. Voir p. 16.

ABRÉGÉ DE RÉANIMATION

BÉBÉ
INCONSCIENT

VOIES RESPIRATOIRES
DÉGAGÉES

PAS DE RESPIRATION

PAS DE POULS
OU TRÈS RALENTI

☎ APPELEZ
LE SAMU (Tél. : 15)

RCR – 5 COMPRESSIONS
THORACIQUES,
1 INSUFFLATION
DE BOUCHE-À-BOUCHE –
À RÉPÉTER 20 FOIS
PAR MINUTE

POURSUIVEZ LA RCR
JUSQU'À L'ARRIVÉE
DES SECOURS

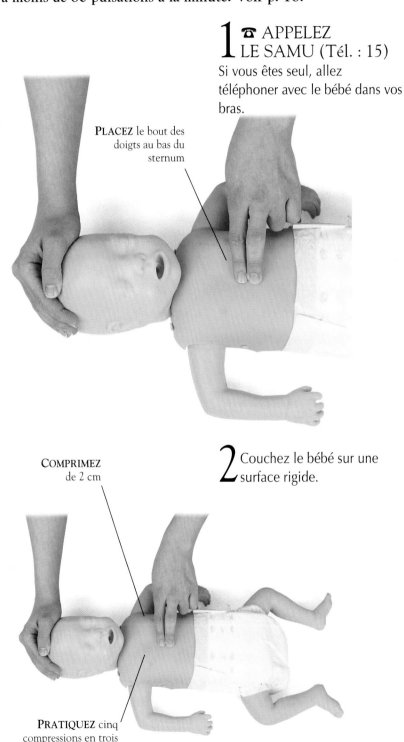

1 ☎ APPELEZ LE SAMU (Tél. : 15)
Si vous êtes seul, allez téléphoner avec le bébé dans vos bras.

PLACEZ le bout des doigts au bas du sternum

2 Couchez le bébé sur une surface rigide.

COMPRIMEZ de 2 cm

PRATIQUEZ cinq compressions en trois secondes

20

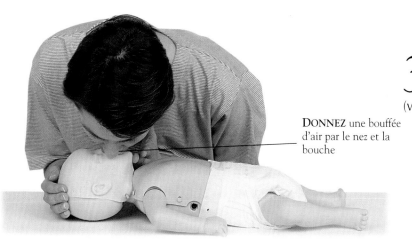

3 Pratiquez une insufflation au bouche-à-bouche (voir p. 18).

DONNEZ une bouffée d'air par le nez et la bouche

Recommencez pendant une minute (dix fois) les étapes 3 et 4

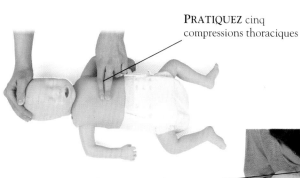

PRATIQUEZ cinq compressions thoraciques

FAITES suivre d'une insufflation

4 Placez 2 doigts à l'extrémité du sternum sur la poitrine. Comprimez fortement ce point de 2 cm. Recommencez cinq fois en trois secondes.

21

Répétez l'opération jusqu'à l'arrivée des secours

5 Continuez d'intercaler une insufflation toutes les cinq compressions thoraciques vingt fois par minute.

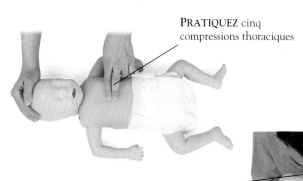

PRATIQUEZ cinq compressions thoraciques

FAITES suivre d'une insufflation

6 Poursuivez la RCR – cinq compressions pour une insufflation – jusqu'à l'arrivée du SAMU.

ENFANT INCONSCIENT (ENTRE 1 ET 8 ANS)

Évaluez l'état de l'enfant.

1 Provoquez une réaction

- Secouez-le doucement
- Dites son nom
- Pincez-lui la peau

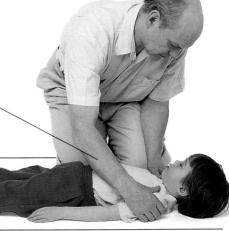

SECOUEZ
doucement
l'enfant

2 Appelez à l'aide

3 Dégagez les voies respiratoires

- Regardez dans la bouche et retirez ce qui gêne
- Glissez deux doigts sous le menton et soulevez-le
- Posez une main sur le front et basculez la tête en arrière

REGARDEZ
dans la bouch

PLACEZ
deux doigts sou
le menton et
soulevez-le

BASCUL
la tête en arriè

4 Vérifiez la respiration

- L'entendez-vous respirer ?
- Sentez-vous son souffle sur votre joue ?
- Le thorax se soulève-t-il ?
- Attendez cinq secondes avant de conclure à l'absence de respiration

ÉCOUTEZ
s'il respire

REGARDEZ si la
poitrine se soulève

SENTEZ son souffle
sur votre joue

5 Vérifiez le pouls

- Maintenez-lui la tête en arrière
- Cherchez le gros muscle sur le côté du cou
- Glissez deux doigts dans le sillon à l'avant de ce muscle
- Pressez doucement vers l'os

VÉRIFIEZ le
pouls au
niveau
du cou

6 Comment agir

Enfant inconscient, respiration et pouls perceptibles

1 Soignez les blessures graves, comme les brûlures (voir p. 60) ou les saignements (voir p. 46).

2 Mettez-le en position latérale de sécurité (voir page suivante).

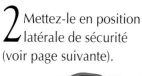

3 ☎ APPELEZ LE SAMU (Tél. : 15)
Ne le laissez pas seul. Si la respiration s'arrête, pratiquez la respiration artificielle.

Pas de respiration, mais pouls perceptible

1 Pratiquez une vingtaine de fois le bouche-à-bouche pendant une minute (voir p. 26).

2 ☎ APPELEZ LE SAMU (Tél. : 15)

3 Reprenez le bouche-à-bouche.

4 Vérifiez le pouls toutes les minutes (après chaque série de 20 insufflations).

Respiration et pouls non perceptibles

1 ☎ APPELEZ LE SAMU (Tél. : 15)

2 Pratiquez la réanimation cardio-respiratoire (RCR) – cinq compressions thoraciques suivies d'une insufflation au

bouche-à-bouche. Recommencez pendant une minute (voir p. 28).

3 Poursuivez la réanimation cardio-respiratoire jusqu'à l'arrivée des secours.

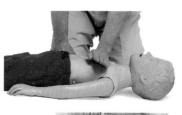

23

POSITION LATÉRALE DE SÉCURITÉ

S'il est inconscient, mais respire, et si le pouls bat (voir p. 22), placez l'enfant dans cette position pour l'empêcher de s'étrangler avec sa langue ou avec ses vomissures.

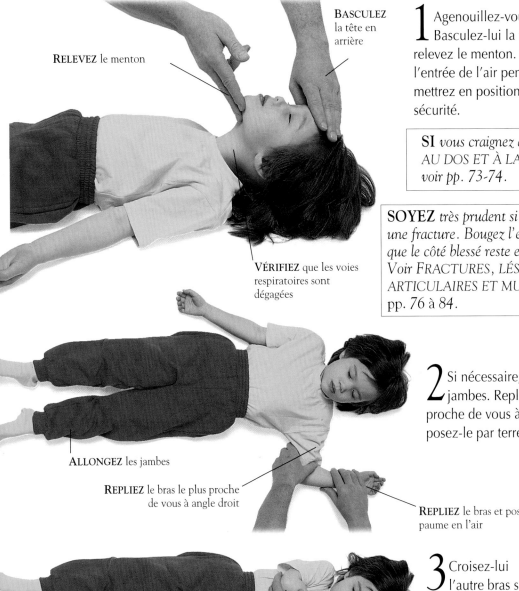

BASCULEZ la tête en arrière

RELEVEZ le menton

VÉRIFIEZ que les voies respiratoires sont dégagées

ALLONGEZ les jambes

REPLIEZ le bras le plus proche de vous à angle droit

REPLIEZ le bras et posez-le par terre, paume en l'air

RAMENEZ l'autre bras en travers de la poitrine et pliez-le

POSEZ le dos de la main contre la joue

1 Agenouillez-vous à côté de lui. Basculez-lui la tête en arrière et relevez le menton. Cela permettra l'entrée de l'air pendant que vous le mettrez en position latérale de sécurité.

> **SI** *vous craignez des LÉSIONS AU DOS ET À LA NUQUE, voir pp. 73-74.*

> **SOYEZ** *très prudent si vous craignez une fracture. Bougez l'enfant de façon que le côté blessé reste en haut.* Voir FRACTURES, LÉSIONS ARTICULAIRES ET MUSCULAIRES, pp. 76 à 84.

2 Si nécessaire, allongez-lui les jambes. Repliez le bras le plus proche de vous à angle droit et posez-le par terre, paume en l'air.

3 Croisez-lui l'autre bras sur la poitrine. Posez-lui le dos de la main contre la joue opposée.

24

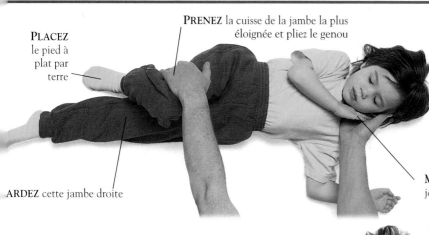

PLACEZ le pied à plat par terre

PRENEZ la cuisse de la jambe la plus éloignée et pliez le genou

...**ARDEZ** cette jambe droite

MAINTENEZ-LUI la main contre la joue pour soutenir la tête

4 Prenez-lui, de votre main libre, la cuisse la plus éloignée de vous. Repliez la jambe en laissant le pied à plat sur le sol.

FAITES-LE rouler sur le côté en tirant vers vous la jambe repliée

MAINTENEZ-LUI la main contre la joue

EMPÊCHEZ-LE de rouler sur le ventre avec vos genoux

5 Maintenez-lui la main contre la joue pour soutenir la tête. Tirez vers vous la cuisse de la jambe repliée pour faire rouler l'enfant sur le côté.

> **SI** *l'enfant est déjà sur le côté ou sur le ventre, il faudra modifier les étapes pour le mettre en position latérale de sécurité.*

25

> **VÉRIFIEZ** *à plusieurs reprises la respiration et le pouls de l'enfant en attendant l'arrivée des secours.*

PLACEZ-LUI la main sous la joue

BASCULEZ la tête en arrière pour faciliter la respiration

PLACEZ la jambe supérieure à angle droit pour bien caler l'enfant

6 Placez-lui le bras et la jambe de manière qu'il ne puisse pas tomber en avant et basculez-lui la tête en arrière.

☎ APPELEZ LE SAMU (Tél. : 15)

RESPIRATION ARTIFICIELLE : L'ENFAN

Si un enfant (entre 1 et 8 ans) est inconscient, ne respire pas, mais que le pouls bat,
il faut pratiquer le bouche-à-bouche. Voir p. 22.

ABRÉGÉ
DE RÉANIMATION

ENFANT INCONSCIENT

VOIES RESPIRATOIRES
DÉGAGÉES

PAS DE RESPIRATION

POULS PRÉSENT

PRATIQUEZ
LE BOUCHE-À-BOUCHE
PENDANT 1 MINUTE

POULS PRÉSENT

☎ APPELEZ
LE SAMU (Tél. : 15)

POURSUIVEZ
LE BOUCHE-À-BOUCHE
JUSQU'À L'ARRIVÉE
DES SECOURS
VÉRIFIEZ LE POULS
TOUTES LES MINUTES

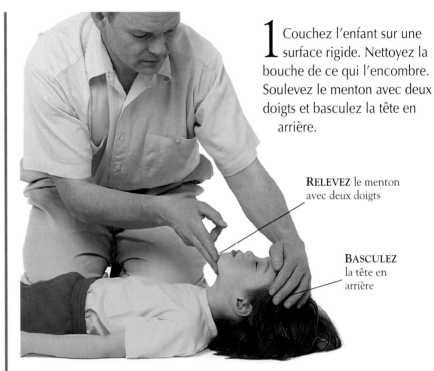

1 Couchez l'enfant sur une
surface rigide. Nettoyez la
bouche de ce qui l'encombre.
Soulevez le menton avec deux
doigts et basculez la tête en
arrière.

RELEVEZ le menton
avec deux doigts

BASCULEZ
la tête en
arrière

PINCEZ
les
narines

2 Pincez-lui les narines.
Appliquez vos lèvres
autour de sa bouche ouverte.
Soufflez dans les poumons
jusqu'à ce que la poitrine se

APPLIQUEZ vos
lèvres autour de sa
bouche

INSUFFLEZ jusqu'à ce que la
poitrine se soulève

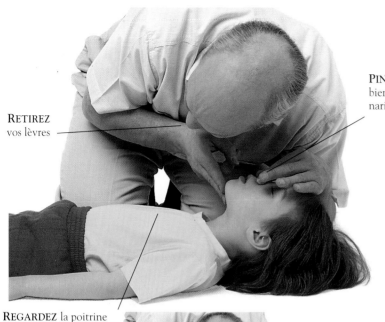

PINCEZ bien les narines

RETIREZ vos lèvres

3 Retirez vos lèvres et regardez la poitrine s'abaisser. Pincez toujours les narines.

> **SI** *la poitrine ne se soulève pas, explorez de nouveau la bouche. Ne plongez pas les doigts dans la gorge à l'aveuglette, sauf si vous avez vu quelque chose qui l'encombre. Sinon, pratiquez la compression abdominale (voir p. 39).*

REGARDEZ la poitrine s'abaisser

PRATIQUEZ une insufflation toutes les trois secondes

REGARDEZ la poitrine s'abaisser

4 Poursuivez le bouche-à-bouche pendant une minute afin de pratiquer une respiration complète toutes les trois secondes (vingt insufflations par minute) ou un peu plus lentement si l'enfant est plus âgé.

27

5 Arrêtez-vous pour vérifier le pouls au cou (voir p. 22).

VÉRIFIEZ le pouls au cou

6 ☎ APPELEZ LE SAMU (Tél. : 15)

7 Poursuivez le bouche-à-bouche jusqu'à l'arrivée des secours. Vérifiez le pouls toutes les minutes. S'il n'est pas sensible, commencez la RCR (voir page suivante).

PRATIQUEZ une insufflation toutes les trois secondes

REGARDEZ la poitrine s'abaisser après chaque insufflation

VÉRIFIEZ le pouls toutes les minutes

RCR (RÉANIMATION CARDIO-RESPIRATOIRE) : L'ENFANT

À utiliser chez l'enfant (entre 1 et 8 ans) inconscient, dont on ne perçoit ni le pouls ni la respiration. Voir p. 22. Appelez le SAMU puis pratiquez la RCR pendant une minute.

ABRÉGÉ DE RÉANIMATION

ENFANT INCONSCIENT

VOIES RESPIRATOIRES DÉGAGÉES

PAS DE RESPIRATION

POULS NON PERCEPTIBLE

☎ APPELEZ LE SAMU (Tél. : 15)

RCR – 5 COMPRESSIONS THORACIQUES, 1 INSUFFLATION DE BOUCHE-À-BOUCHE – À RÉPÉTER 20 FOIS PAR MINUTE

POURSUIVEZ LA **RCR** JUSQU'À L'ARRIVÉE DES SECOURS

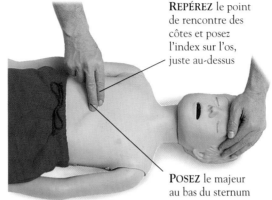

REPÉREZ le point de rencontre des côtes et posez l'index sur l'os, juste au-dessus

POSEZ le majeur au bas du sternum

1 ☎ APPELEZ LE SAMU (Tél. : 15

2 Allongez l'enfant sur une surface rigide.

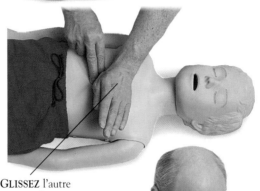

GLISSEZ l'autre main sur le sternum jusqu'au niveau des doigts

ENFONCEZ sur une profondeur de 3 cm

4 Repérez le point de rencontre des côtes. Posez le majeur au bas du sternum et l'index au-dessus, sur l'os.

5 Faites glisser la paume de l'autre main sur le sternum jusqu'à vos doigts.

6 Enfoncez de 3 cm le talon de la paume à cet endroit précis. Recommencez cinq fois en trois secondes.

COMPRESSEZ le thorax cinq fois en trois secondes

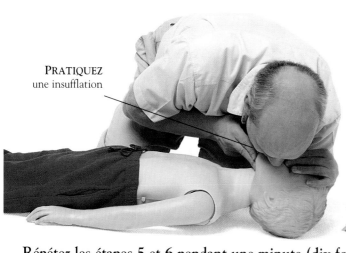

PRATIQUEZ
une insufflation

3 Insufflez deux larges bouffées d'air (voir p. 26).

REGARDEZ
la poitrine
s'abaisser

Répétez les étapes 5 et 6 pendant une minute (dix fois)

PRATIQUEZ
cinq compressions
thoraciques

7 Poursuivez au rythme de cinq compressions thoraciques pour une insufflation (vingt fois par minute).

PRATIQUEZ une insufflation

Répétez les gestes de la RCR jusqu'à l'arrivée des secours

PRATIQUEZ cinq
compressions thoraciques

PRATIQUEZ
une insufflation

PRENEZ LE POULS
toutes les minutes. S'il est présent, continuez le bouche-à-bouche.

8 Poursuivez la RCR – cinq compressions thoraciques pour une insufflation – jusqu'à l'arrivée des secours.

ÉVANOUISSEMENT

Les symptômes

Premiers signes • *Peau pâle, froide, couverte de sueur, grisâtre* • *Pouls lent qui devient plus faible*

• *Respiration courte, rapide.* Signes ultérieurs • *Fébrilité, bâillements et soupirs* • *Soif* • *Perte de connaissance*

DÉPLACEZ l'enfant le moins possible

> **NE DONNEZ** *à l'enfant ni à boire ni à manger. S'il a soif, humidifiez-lui les lèvres avec de l'eau.*

ALLONGEZ-LE si possible sur une couverture, un manteau ou un tapis

1 Allongez l'enfant à plat. La tête doit être en contrebas pour favoriser l'arrivée du sang au cerveau. Tournez-lui la tête de côté et rassurez-le. Soignez ses blessures éventuelles.

☎ APPELEZ UN MÉDECIN

CONTINUEZ à le rassurer

POSEZ-LUI la tête à plat tournée sur le côté

ÉLEVEZ-LUI les jambes au-dessus du niveau du cœur

2 Soulevez-lui doucement les jambes et posez-les sur des coussins, sur une chaise ou une pile de livres recouverte d'un coussin.

MAINTENEZ-LUI la tête plus bas que le torse

30

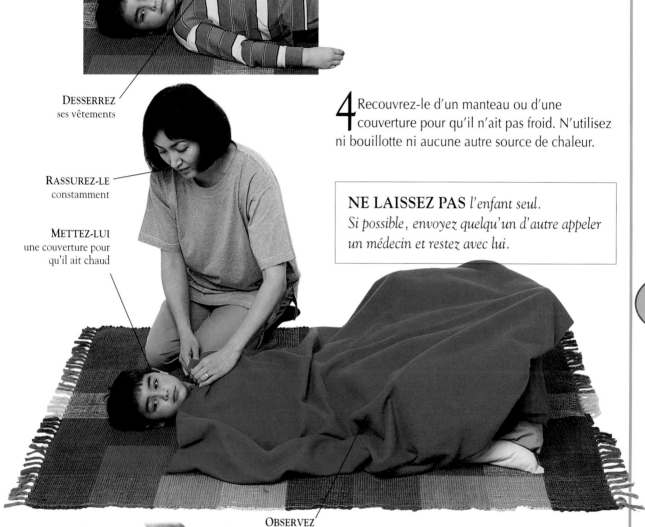

3 Pour faciliter la respiration, desserrez ses vêtements au niveau du cou, de la poitrine, de la taille.

DESSERREZ
ses vêtements

4 Recouvrez-le d'un manteau ou d'une couverture pour qu'il n'ait pas froid. N'utilisez ni bouillotte ni aucune autre source de chaleur.

RASSUREZ-LE
constamment

METTEZ-LUI
une couverture pour
qu'il ait chaud

NE LAISSEZ PAS *l'enfant seul.*
Si possible, envoyez quelqu'un d'autre appeler un médecin et restez avec lui.

31

VÉRIFIEZ
régulièrement le pouls

OBSERVEZ
son rythme respiratoire
et son teint

5 Rassurez-le. Poussez-le à parler et répondez à ses questions. Cela vous aidera à mieux juger de son état. Signalez au médecin tout changement de comportement.

S'IL *perd connaissance, évaluez son état (voir BÉBÉ INCONSCIENT, p. 16; ENFANT INCONSCIENT, p. 22). Préparez-vous à le réanimer. S'il respire, mettez-le en POSITION LATÉRALE DE SÉCURITÉ*
☎ APPELEZ LE SAMU (Tél. : 15)

CONVULSIONS FÉBRILES

Les enfants de moins de quatre ans peuvent être pris de convulsions lors d'une infection et d'une forte fièvre supérieure à 39 °C.

Les symptômes des convulsions fébriles
- *Visage écarlate et couvert de sueur, front brûlant*
- *Yeux révulsés, regard fixe ou strabisme*

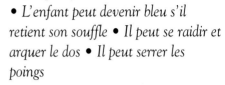

• L'enfant peut devenir bleu s'il retient son souffle • Il peut se raidir et arquer le dos • Il peut serrer les poings

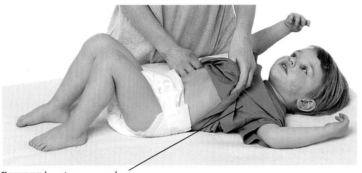

1 Déshabillez-le complètement, couche exceptée. La pièce doit être suffisamment aérée, mais pas froide.

RETIREZ les vêtements et les couvertures de l'enfant

2 Enlevez autour de lui tout ce qui pourrait le blesser. Passez-lui sur la tête et sur le corps une éponge trempée dans l'eau fraîche.

PASSEZ-LUI de l'eau fraîche sur le visage, puis sur tout le corps

3 Lorsque l'enfant est rafraîchi, les convulsions s'arrêtent. Mettez-le sur le côté en lui renversant la tête en arrière. Rassurez-le. Si la température remonte, rafraîchissez-le de nouveau avec une éponge.

PLACEZ -LE sur le côté

☎ APPELEZ UN MÉDECIN

SI *possible, mettez-le en* POSITION LATÉRALE DE SÉCURITÉ *dès l'arrêt des convulsions (voir p. 24).*

CRISE D'ÉPILEPSIE

Les symptômes de l'épilepsie La crise traverse les étapes suivantes : • *Perte brutale de connaissance, parfois avec un cri* • *Corps rigide, dos arqué* • *La respiration peut s'interrompre* • *Soubresauts* • *Écume ou bulles autour de la bouche, avec parfois des traces de sang* • *Parfois, perte des urines ou des selles* • *L'enfant reprend conscience en quelques minutes* • *Sensation de vertige* • *Un profond sommeil peut suivre. Les enfants épileptiques peuvent*

porter sur eux une carte ou un bracelet faisant état de leur maladie. Un enfant peut avoir une crise mineure avant une majeure. On peut remarquer, entre les deux, une sorte d'« absence » momentanée, des crispations faciales ou des mouvements incontrôlés comme des claquements de lèvres. Si cela se produit, rassurez l'enfant et prenez rendez-vous chez votre médecin.

DÉBARRASSEZ l'espace autour de l'enfant. Ne cherchez pas à le retenir

PROTÉGEZ-LUI la tête avec une serviette

Lorsque les convulsions s'arrêtent

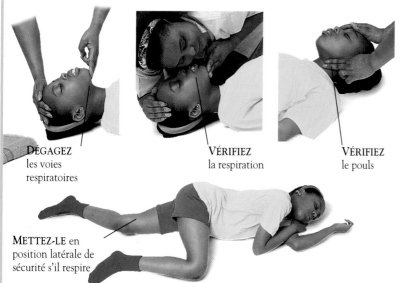

DÉGAGEZ les voies respiratoires

VÉRIFIEZ la respiration

VÉRIFIEZ le pouls

METTEZ-LE en position latérale de sécurité s'il respire

1 Si l'enfant tombe, essayez de le retenir pour amortir la chute. Écartez tout ce qui pourrait le blesser. Placez une serviette pliée sous sa tête ou autour. Ne cherchez pas à l'immobiliser ni à le déplacer. Ne lui mettez rien dans la bouche. Ne lui donnez rien à boire ou à manger.

2 Quand les convulsions s'arrêtent, il peut être inconscient. Retirez la serviette, vérifiez que les voies respiratoires sont dégagées, que la respiration et le pouls sont perceptibles. S'il respire, mettez-le en POSITION LATÉRALE DE SÉCURITÉ (voir p. 24). Restez avec lui tant qu'il n'a pas récupéré. Il peut avoir la tête qui tourne et l'air perdu, ou s'endormir profondément.

☎ APPELEZ UN MÉDECIN

SI *l'enfant, qui n'a jamais eu de convulsions auparavant, fait une crise, se détend et en refait une, ou s'il perd connaissance pendant plus de dix minutes,* ☎ APPELEZ UN MÉDECIN OU LE SAMU (Tél. : 15)

33

HYPOGLYCÉMIE

DONNEZ à l'enfant une boisson sucrée ou du sucre puis des biscuits ou du pain

FAITES-LE asseoir

Les symptômes de l'hypoglycémie
• Faiblesse ou faim • Confusion mentale ou agressivité • Sueur • Grande pâleur
• Pouls rapide, fort • Respiration courte

> *Un enfant diabétique sera probablement sous insuline. Même s'il semble se remettre, demandez à votre médecin de vérifier le dosage de son traitement.*

Si une boisson ou des aliments sucrés suffisent à remettre l'enfant sur pied, laissez-le en reprendre et qu'il se repose. Sinon,

☎ APPELEZ UN MÉDECIN OU LE SAMU (Tél. : 15)

Enfant inconscient

1 Dégagez les voies respiratoires. Vérifiez si la respiration et le pouls sont perceptibles.

> **SI** *l'enfant ne respire pas, préparez-vous à le réanimer* (*voir BÉBÉ INCONSCIENT, p. 16; ENFANT INCONSCIENT, p. 22*).

DÉGAGEZ les voies respiratoires

VÉRIFIEZ la respiration

VÉRIFIEZ le pouls

2 S'il respire, mettez-le en POSITION LATÉRALE DE SÉCURITÉ (voir p. 24).

☎ APPELEZ LE SAMU (Tél. : 15)

METTEZ-LE en position latérale de sécurité s'il respire

34

MALAISE

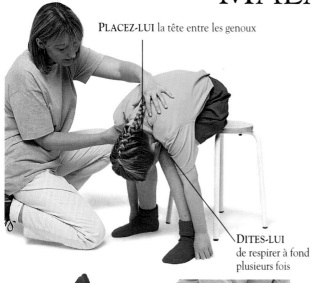

PLACEZ-LUI la tête entre les genoux

DITES-LUI de respirer à fond plusieurs fois

Les symptômes
• *Sensation de faiblesse, d'étourdissement et de malaise*
• *Visage très pâle* • *Brève perte de connaissance* • *Pouls ralenti*

1 Dites à l'enfant de s'asseoir, la tête entre les genoux. Sinon, allongez-le en lui posant les jambes sur une pile de couvertures ou de coussins pour qu'elles soient au-dessus du niveau du cœur.

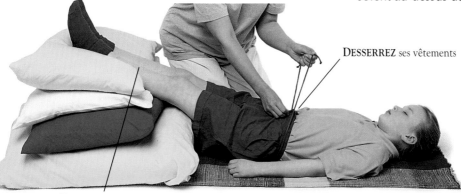

DESSERREZ ses vêtements

RELEVEZ-LUI les jambes pour améliorer l'arrivée du sang au cerveau

DONNEZ-LUI de l'air en l'éventant

2 Vérifiez que ses vêtements ne le serrent pas autour du cou, de la poitrine et de la taille. Donnez-lui de l'air : ouvrez une fenêtre si vous êtes à l'intérieur.
☎ APPELEZ UN MÉDECIN

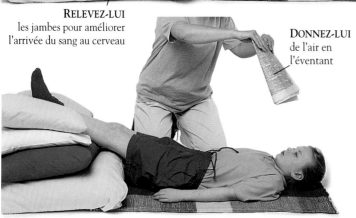

METTEZ-LE en position latérale de sécurité s'il met du temps à reprendre connaissance

3 Si l'enfant perd connaissance, évaluez son état (voir BÉBÉ INCONSCIENT, p. 16; ENFANT INCONSCIENT, p. 22). Préparez-vous à le réanimer. S'il respire, mettez-le en POSITION LATÉRALE DE SÉCURITÉ.

☎ APPELEZ LE SAMU (Tél. : 15)

35

ÉTOUFFEMENT : LE BÉBÉ (MOINS DE 1 AN)

ABRÉGÉ

DONNEZ 5 TAPES
DANS LE DOS

DONNEZ 5 COUPS
DANS LA POITRINE

VÉRIFIEZ LA BOUCHE

RECOMMENCEZ
L'OPÉRATION

5 TAPES DANS LE DOS
5 COUPS DANS LA
POITRINE
VÉRIFIEZ LA BOUCHE

jusqu'à l'arrivée des secours
ou l'évacuation de l'objet

Les symptômes de l'étouffement • *Respiration gênée* • *Éventuellement, visage bleu* • *Cris inhabituels, voire aucun*

1 Couchez le bébé à plat ventre sur votre avant-bras, votre main soutenant la tête et la poitrine. Donnez-lui cinq tapes sèches entre les épaules.

NE LE SECOUEZ PAS
et ne le tenez pas la tête en bas.

COUCHEZ le bébé
sur votre avant-bras

METTEZ-LUI
la tête en bas et soutenez-lui le menton

DONNEZ-LUI
cinq tapes dans
le dos

2 Si les tapes dans le dos ne suffisent pas à évacuer ce qui gêne, retournez-le sur votre autre bras. Posez deux doigts sur la partie inférieure du sternum et appliquez cinq coups secs. Ils provoqueront une toux.

RETOURNEZ-LE
sur le dos

SOUTENEZ-LUI
la tête, qui doit rester
en contrebas

METTEZ deux doigts
sur le sternum, juste
sous la poitrine

DONNEZ
cinq coups secs

36

3 Regardez dans sa bouche. Posez un doigt sur la langue pour voir la gorge, mais n'allez pas plus loin, sauf si vous voyez ce qui le gêne et si vous pouvez l'attraper.

Si l'obstruction persiste, ☎ APPELEZ LE SAMU (Tél. : 15)

EXAMINEZ la bouche du bébé et retirez-en tout objet visible

Répétez l'opération en suivant les étapes 1 à 3 jusqu'à l'arrivée des secours ou l'évacuation de l'objet

DONNEZ cinq tapes dans le dos

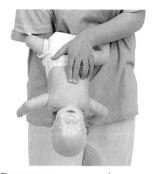

DONNEZ cinq coups sur le sternum

VÉRIFIEZ la bouche

SI *le bébé perd connaissance, voir BÉBÉ INCONSCIENT, p. 16. Préparez-vous à le réanimer.*

ÉTOUFFEMENT : enfant conscient

ABRÉGÉ

DITES À L'ENFANT
DE TOUSSER

PROCÉDEZ À DES
COMPRESSIONS
ABDOMINALES
JUSQU'À ÉVACUATION
DE L'OBJET

Les symptômes de l'étouffement :

- *Les mains étreignent la gorge*
- *L'enfant ne peut plus respirer ni parler*
- *Le visage peut devenir bleu*

DITES-LUI
de tousser et
d'expulser
l'objet
s'il le peut

1 L'enfant sera peut-être capable de tousser et d'expulser l'objet. Poussez-le à le faire, sans perdre de temps.

TENEZ-VOUS
derrière l'enfant et
passez vos bras
autour de son
abdomen

FERMEZ
le poing et
saisissez-le dans
votre autre main

EFFECTUEZ
de brusques
compressions
vers le haut
sur son
abdomen

SI *l'enfant perd connaissance, la gorge se décontractera peut-être, et l'enfant sera capable de respirer. S'il ne respire plus, suivez les étapes de la page suivante pour l'enfant inconscient. Poursuivez jusqu'à l'arrivée des secours.*

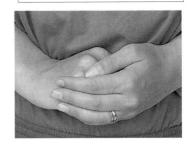

2 S'il ne peut pas tousser, mettez-vous debout ou à genoux derrière lui et passez vos bras autour de son abdomen. Fermez le poing. Placez le côté du pouce de ce poing contre le milieu de son abdomen, juste au-dessus du nombril.

3 Saisissez votre poing dans votre autre main et effectuez une brusque compression sur l'abdomen, à la fois en arrière et vers le haut.

4 Répétez les compressions jusqu'à ce que le corps étranger soit expulsé.

Enfant inconscient

PAS DE RESPIRATION

EXÉCUTEZ DE
6 À 10 COMPRESSIONS
ABDOMINALES

VÉRIFIEZ LA BOUCHE

PAS DE RESPIRATION

RECOMMENCEZ
LE PROCESSUS
jusqu'à l'arrivée des secours
ou l'évacuation de l'objet

1 Vérifiez si l'enfant respire (voir p. 22). Essayez le bouche-à-bouche (voir p. 26). Si l'air ne pénètre pas dans les poumons, basculez la tête en arrière et essayez à nouveau le bouche-à-bouche.

☎ APPELEZ
LE SAMU (Tél. : 15)

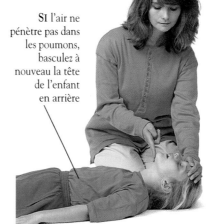

SI l'air ne pénètre pas dans les poumons, basculez à nouveau la tête de l'enfant en arrière

2 Si l'air ne pénètre toujours pas, mettez-vous à califourchon sur ses cuisses. Placez la paume de la main juste au-dessus du nombril, l'autre étant posée par-dessus. Exécutez de 6 à 10 compressions abdominales en poussant brusquement vers la tête de l'enfant.

METTEZ-VOUS à califourchon sur les cuisses de l'enfant

SI vous apercevez le corps étranger, essayez de l'extraire avec un de vos doigts

PLACEZ vos mains l'une par-dessus l'autre juste au-dessus de son nombril

PRATIQUEZ le bouche-à-bouche, si possible

3 Regardez dans la bouche. Si vous apercevez un corps étranger, retirez-le avec le doigt en prenant garde de ne pas pousser l'objet plus profondément.

N'ENFONCEZ PAS *le doigt dans la gorge de l'enfant à l'aveuglette.*

4 Essayez le bouche-à-bouche. Si l'air pénètre dans les poumons de l'enfant, continuez le bouche-à-bouche (voir p. 26), même si l'objet n'a pas été expulsé. Si le bouche-à-bouche est impossible, suivez les étapes 2 à 4 jusqu'à l'arrivée des secours ou l'évacuation de l'objet.

BLOCAGE RESPIRATOIRE

Les symptômes du blocage respiratoire Seuls les enfants de moins de quatre ans peuvent avoir ce type de comportement.
• *L'enfant pleure, inspire mais n'expire pas* • *Le visage peut devenir bleu et crispé* • *L'enfant peut perdre connaissance*

Le blocage respiratoire peut être la conséquence d'une violente colère. Tâchez de rester calme. Ne secouez pas l'enfant et ne vous affolez pas. Il va probablement reprendre son souffle spontanément. S'il perd connaissance, voir BÉBÉ INCONSCIENT, p. 16; ENFANT INCONSCIENT, p. 22.

☎ APPELEZ UN MÉDECIN

SI *l'enfant retient son souffle, soufflez-lui dans la figure pour qu'il recommence à respirer normalement.*

SOUFFLEZ-LUI dans la figure

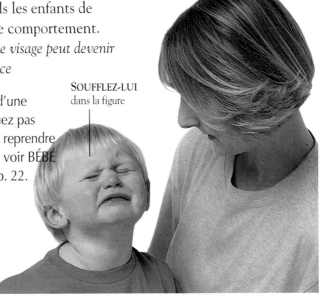

HOQUET

DITES-LUI de rester calme

FAITES-LUI retenir son souffle le plus longtemps possible

OU

Un enfant plus grand peut arrêter la crise en buvant du mauvais côté d'une tasse.
SI *le hoquet persiste au-delà de quelques heures,* ☎ APPELEZ UN MÉDECIN, *car la crise peut devenir fatigante, inquiétante et douloureuse.*

FAITES-LUI tenir un sac en papier contre son nez et sa bouche

Dites à l'enfant de rester tranquille et de retenir son souffle le plus longtemps possible. Recommencez jusqu'à ce que le hoquet s'arrête.
OU
Donnez-lui un sac en papier – jamais en plastique – pour qu'il réinspire l'air qu'il vient d'expirer. Faites-le respirer dans le sac pendant une minute.

DITES-LUI de souffler et d'inspirer pendant une minute, ou jusqu'à ce que le hoquet s'arrête

ASPHYXIE

Elle se produit quand les voies respiratoires sont obstruées, lorsqu'une compression du thorax ou de l'abdomen empêche une respiration normale, ou parce que l'air est saturé de fumée ou de gaz.

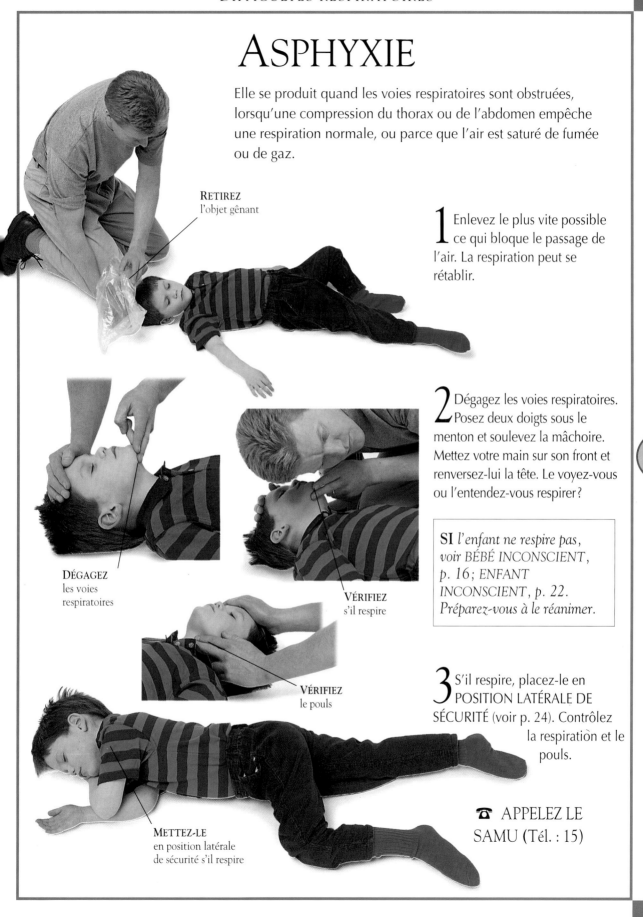

RETIREZ
l'objet gênant

1 Enlevez le plus vite possible ce qui bloque le passage de l'air. La respiration peut se rétablir.

2 Dégagez les voies respiratoires. Posez deux doigts sous le menton et soulevez la mâchoire. Mettez votre main sur son front et renversez-lui la tête. Le voyez-vous ou l'entendez-vous respirer?

DÉGAGEZ
les voies
respiratoires

VÉRIFIEZ
s'il respire

> **SI** *l'enfant ne respire pas, voir BÉBÉ INCONSCIENT, p. 16 ; ENFANT INCONSCIENT, p. 22. Préparez-vous à le réanimer.*

VÉRIFIEZ
le pouls

3 S'il respire, placez-le en POSITION LATÉRALE DE SÉCURITÉ (voir p. 24). Contrôlez la respiration et le pouls.

METTEZ-LE
en position latérale
de sécurité s'il respire

☎ APPELEZ LE SAMU (Tél. : 15)

STRANGULATION

1 Retirez immédiatement le lien qui étrangle l'enfant. Servez-vous d'un couteau ou de ciseaux s'il y en a à votre portée.

RETIREZ
le lien

> **SI** *l'enfant est pendu, soutenez-le pendant que vous détachez la corde ou le lien.*

REGARDEZ
si la poitrine
se soulève

2 Dégagez les voies respiratoires. Posez deux doigts sous le menton et relevez la mâchoire. Mettez une main sur son front et basculez bien la tête en arrière. Regardez et écoutez s'il respire.

DÉGAGEZ
les voies
respiratoires

> **S'IL** *ne respire pas, voir* BÉBÉ INCONSCIENT, *p. 16;* ENFANT INCONSCIENT, *p. 22. Préparez-vous à le réanimer.*

VÉRIFIEZ
s'il respire

VÉRIFIEZ
le pouls

3 S'il respire, mettez-le en POSITION LATÉRALE DE SÉCURITÉ (voir p. 24). Contrôlez la respiration et le pouls en attendant les secours.

☎ APPELEZ
LE SAMU
(Tél. : 15)

METTEZ-LE
en position latérale de
sécurité
s'il respire

> **SI** *vous craignez des LÉSIONS AU DOS ET À LA NUQUE, voir pp. 73 à 75.*

42

INTOXICATION PAR ÉMANATIONS

L'intoxication par des gaz ou par de la fumée exige des soins médicaux urgents.

☎ APPELEZ LE SAMU (Tél. : 15)
☎ ET LES POMPIERS (Tél. : 18)

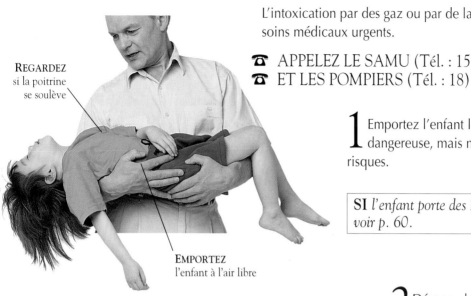

REGARDEZ
si la poitrine
se soulève

EMPORTEZ
l'enfant à l'air libre

1 Emportez l'enfant loin de la zone dangereuse, mais ne prenez pas de risques.

> **SI** *l'enfant porte des BRÛLURES, voir p. 60.*

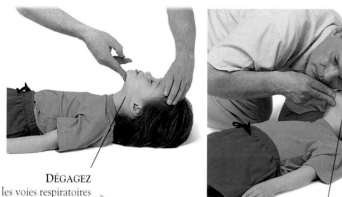

DÉGAGEZ
les voies respiratoires

VÉRIFIEZ
s'il respire

2 Dégagez les voies respiratoires. Posez deux doigts sous le menton et relevez la mâchoire. En même temps, posez une main sur son front et basculez bien la tête en arrière.

3 Vérifiez s'il respire. Sentez son souffle sur votre joue et regardez si la poitrine se soulève régulièrement.

> **SI** *l'enfant ne respire pas, voir BÉBÉ INCONSCIENT, p. 16; ENFANT INCONSCIENT, p. 22. Préparez-vous à le réanimer.*

VÉRIFIEZ le pouls

METTEZ-LE en position latérale
de sécurité s'il respire

4 S'il respire, mettez-le en POSITION LATÉRALE DE SÉCURITÉ (voir p. 24) en attendant l'arrivée des secours. Ne cessez pas de surveiller sa respiration et son pouls.

43

LARYNGITE

Les symptômes de la laryngite La laryngite se déclare le plus souvent la nuit. Elle est impressionnante, mais se calme généralement vite. • *Respiration difficile, surtout à l'inspiration* • *Toux sèche, brève* • *Sifflement. Dans les crises graves* • *L'enfant tend les muscles du nez, du cou et des bras en s'efforçant de respirer* • *Peau bleuâtre*

ASSEYEZ
l'enfant en lui calant le dos et la tête

SI *la crise est grave et s'il s'agit d'un enfant âgé, il se peut qu'il souffre en réalité d'une épiglottite, une maladie rare qui ressemble à la laryngite aiguë. Si l'enfant a une forte fièvre, a l'air angoissé et s'assoit, raide, dans son lit, pensez à l'épiglottite.*
☎ APPELEZ UN MÉDECIN OU LE SAMU (Tél. : 15)

1 Asseyez l'enfant dans son lit. Surélevez-lui le haut du corps avec des oreillers et rassurez-le.

FAITES
de la vapeur dans une pièce pour l'aider à respirer

VEILLEZ
à ce qu'il ne touche pas à l'eau bouillante

2 Créez un bain de vapeur : faites couler de l'eau bouillante dans la baignoire ou chauffer une bouilloire dans une pièce fermée hermétiquement. Aidez l'enfant à se décontracter suffisamment pour pouvoir respirer la vapeur.

SI *la crise est violente ou se prolonge,*
☎ APPELEZ UN MÉDECIN. *Essayez de rester calme. Vous risquez, en vous affolant, d'inquiéter l'enfant et d'aggraver la crise.*

ASTHME

ASSEYEZ
l'enfant penché
en avant pour
faciliter la
respiration

Les symptômes de l'asthme
• *Respiration difficile, sifflante à l'expiration,
souvent accompagnée de toux* • *Détresse et
anxiété* • *Fatigue causée par la difficulté à
respirer* • *Visage et lèvres bleuâtres*

1 Veillez à ce que la pièce soit bien
aérée et sans fumée.

> **SI** *c'est sa première crise*,
> ☎ APPELEZ UN MÉDECIN.
>
> **SI** *la crise est grave ou si le
> traitement n'agit pas*,
> ☎ APPELEZ LE SAMU (Tél. : 15)

OU

PRENEZ-LE
sur vos genoux

2 Aidez l'enfant à se décontracter.
Faites-le s'asseoir, les bras posés sur
une table, ou prenez-le sur vos genoux.
Rassurez-le s'il est inquiet.

> **SI** *l'enfant a un traitement spécifique, donnez-
> le lui dès le début de la crise, voir ci-dessous.*

45

Prendre le traitement

S'il a un traitement, donnez-le lui.
Suivez attentivement les indications.
La crise devrait se calmer. Sinon,
☎ APPELEZ LE
SAMU (Tél. : 15).

Divers types de médicaments sont
prescrits. Apprenez-lui à les
reconnaître pour qu'il sache
comment s'en servir s'il a une
crise.

AIDEZ l'enfant
à se servir de son
inhalateur, s'il en a un

HÉMORRAGIE

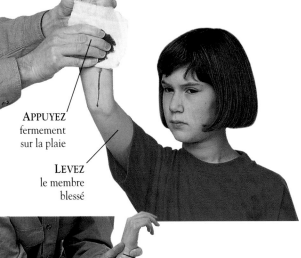

APPUYEZ
fermement
sur la plaie

LEVEZ
le membre
blessé

1 Appuyez fermement sur la plaie pour arrêter le sang. Posez dessus un pansement propre, un mouchoir ou simplement la paume de la main. Levez la partie atteinte au-dessus du niveau du cœur.

> **SI** *quelque chose est coincé dans la plaie, voir CORPS ÉTRANGER, p. 48.*

ALLONGEZ l'enfant en
maintenant le membre blessé
surélevé

CONTINUEZ à appuyer
sur la blessure

2 Allongez l'enfant, (sur une couverture pliée pour plus de confort) en gardant la partie blessée au-dessus du niveau du cœur. Continuez d'appuyer sur la plaie pendant dix minutes.

INSTALLEZ-LUI
la tête sur un petit coussin

46

POSEZ
un pansement stérile et
bandez en serrant sans
excès

3 Recouvrez la blessure d'un pansement stérile plus large que la blessure. Le membre toujours levé, fixez la gaze à l'aide d'un bandage. Le bandage doit être serré mais sans gêner la circulation du sang.

GARDEZ
le membre blessé
surélevé

> **SI** *le sang traverse le bandage, posez un autre pansement par-dessus.*

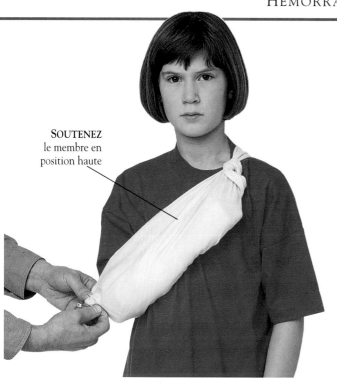

SOUTENEZ
le membre en
position haute

4 Lorsque la plaie ne saigne plus, soutenez le membre, avec une ÉCHARPE DE SURÉLÉVATION, par exemple (voir p. 111).

H CONDUISEZ L'ENFANT À L'HÔPITAL

SI *la blessure continue de saigner,*
☎ APPELEZ UN MÉDECIN
OU LE SAMU (Tél. : 15)

Hémorragie continue

1 Si la blessure saigne toujours, surélevez les jambes de l'enfant à l'aide de coussins.

☎ APPELEZ LE SAMU (Tél. : 15)

2 Desserrez ses vêtements et couvrez-le pour qu'il ait chaud. S'il a soif, humidifiez-lui les lèvres, mais ne lui donnez rien à boire ou à manger.

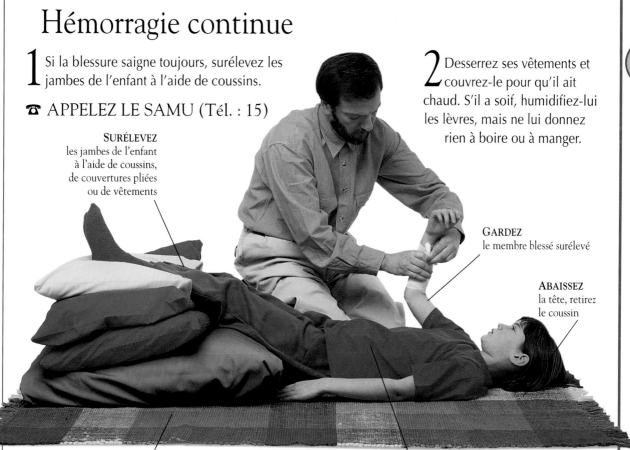

SURÉLEVEZ
les jambes de l'enfant
à l'aide de coussins,
de couvertures pliées
ou de vêtements

GARDEZ
le membre blessé surélevé

ABAISSEZ
la tête, retirez
le coussin

ALLONGEZ l'enfant sur un
tapis ou une couverture

DESSERREZ
ses vêtements

47

CORPS ÉTRANGER DANS UNE PLAIE

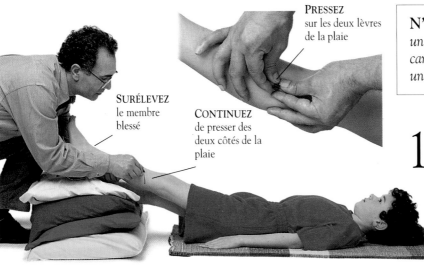

PRESSEZ
sur les deux lèvres
de la plaie

SURÉLEVEZ
le membre
blessé

CONTINUEZ
de presser des
deux côtés de la
plaie

N'ESSAYEZ PAS *de retirer*
un corps étranger d'une plaie,
car vous risquez de provoquer
une hémorragie.

1 Aidez l'enfant à se reposer.
Pressez sur les deux côtés
de l'objet et levez le
membre blessé au-dessus
du niveau du cœur.

2 Posez un morceau de gaze
sur la plaie et l'objet pour
réduire les risques d'infection.

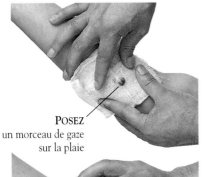

POSEZ
un morceau de gaze
sur la plaie

Si l'objet est gros

3 Superposez plusieurs
rouleaux de pansements tout
autour de la plaie pour obtenir
la même épaisseur que l'objet.

BANDEZ
autour de l'objet

PROTÉGEZ
l'objet avec des
rouleaux de gaze

4 Fixez le pansement par un
bandage, en veillant à ne
pas appuyer sur l'objet.
[H] CONDUISEZ L'ENFANT
À L'HÔPITAL

BANDEZ
autour de l'objet

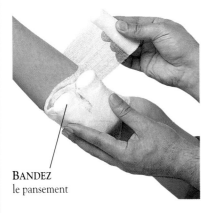

BANDEZ
le pansement

SI *l'objet est très gros,*
entourez-le de bourrelets de
gaze et bandez autour de l'objet
et au-dessous.

48

COUPURES ET ÉCORCHURES

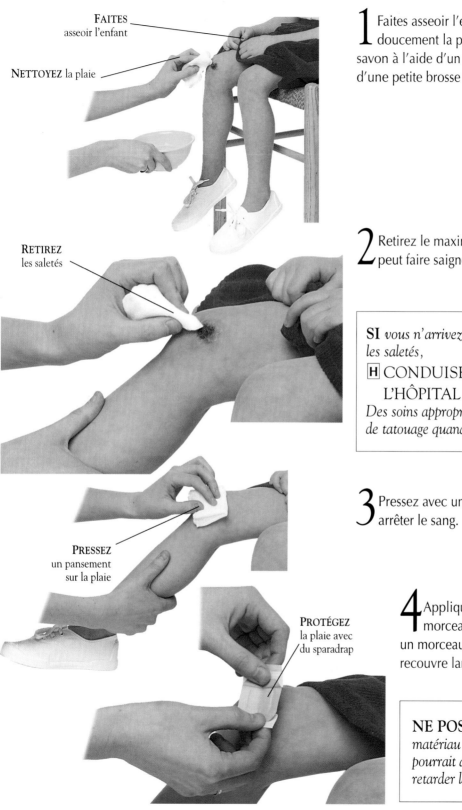

FAITES asseoir l'enfant

NETTOYEZ la plaie

1 Faites asseoir l'enfant, puis nettoyez doucement la plaie à l'eau et au savon à l'aide d'un morceau de gaze ou d'une petite brosse très douce.

RETIREZ les saletés

2 Retirez le maximum de saletés. Cela peut faire saigner un peu.

SI *vous n'arrivez pas à retirer toutes les saletés,*
H CONDUISEZ L'ENFANT À L'HÔPITAL
Des soins appropriés éviteront un effet de tatouage quand la plaie guérira.

PRESSEZ un pansement sur la plaie

3 Pressez avec un pansement sec pour arrêter le sang.

PROTÉGEZ la plaie avec du sparadrap

4 Appliquez sur la plaie un morceau de sparadrap avec un morceau de gaze qui recouvre largement la plaie.

NE POSEZ *ni ouate ni matériau duveteux qui pourrait adhérer à la plaie et retarder la guérison.*

49

PLAIE INFECTÉE

Les symptômes de l'infection
• *Zone de plus en plus douloureuse, endolorie, rouge et enflée* • *Sensation de chaleur*

• *Présence de pus*
• *Ganglions enflés et sensibles au cou, à l'aisselle ou à l'aine*
• *Légères stries rouges sur la peau en direction de ces ganglions.*
Lorsque l'infection est avancée • *Symptômes de la fièvre, avec sueur, soif, frissons et abattement*

APPLIQUEZ
un tissu propre
sur la plaie

BANDEZ
pour le maintenir

1 Appliquez un tissu non fibreux ou un pansement stérile sur la plaie, puis bandez.

2 Surélevez et soutenez le membre, avec une ÉCHARPE DE SURÉLÉVATION, par exemple (voir p. 111).

☎ APPELEZ UN MÉDECIN

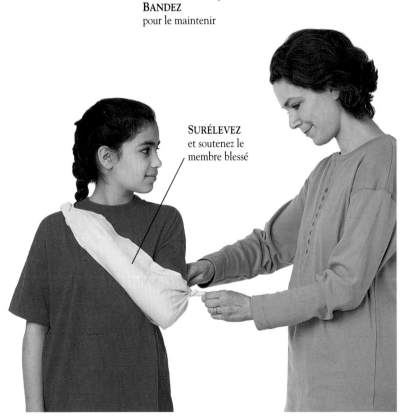

SURÉLEVEZ
et soutenez le
membre blessé

LE TÉTANOS *est une infection dangereuse potentiellement transmise par l'air et la terre. En contact avec une plaie, les germes du tétanos dégagent des toxines (poisons) dans le système nerveux. Le vaccin est la meilleure des préventions. Tous les enfants reçoivent le vaccin antitétanique durant leur première année, puis des rappels régulièrement au cours de la scolarité.*

50

AMPOULES

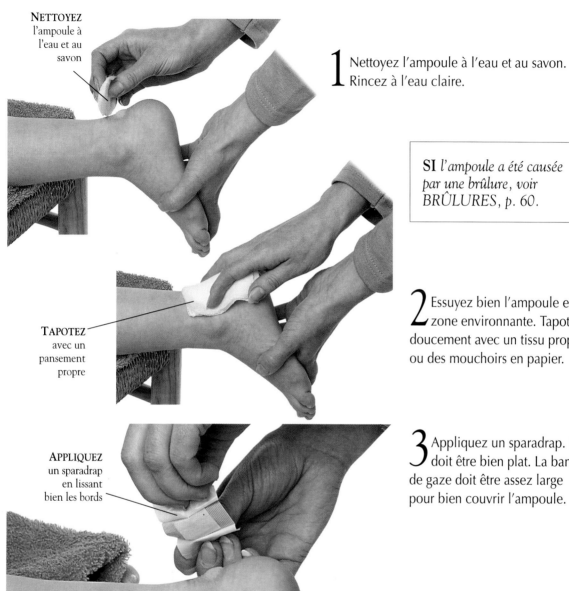

NETTOYEZ
l'ampoule à
l'eau et au
savon

TAPOTEZ
avec un
pansement
propre

APPLIQUEZ
un sparadrap
en lissant
bien les bords

1 Nettoyez l'ampoule à l'eau et au savon. Rincez à l'eau claire.

> **SI** *l'ampoule a été causée par une brûlure, voir BRÛLURES, p. 60.*

2 Essuyez bien l'ampoule et la zone environnante. Tapotez doucement avec un tissu propre ou des mouchoirs en papier.

51

3 Appliquez un sparadrap. Il doit être bien plat. La bande de gaze doit être assez large pour bien couvrir l'ampoule.

> **SI** *l'ampoule est très grosse, appliquez un pansement non fibreux maintenu par un bandage ou du sparadrap. Ne percez pas l'ampoule, qui risquerait de s'infecter.*

LÉSION À L'ŒIL

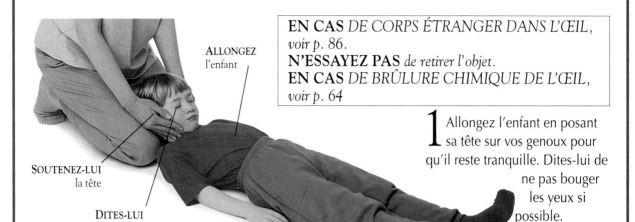

ALLONGEZ
l'enfant

SOUTENEZ-LUI
la tête

DITES-LUI
de ne pas bouger les yeux

EN CAS *DE CORPS ÉTRANGER DANS L'ŒIL,*
voir p. 86.
N'ESSAYEZ PAS *de retirer l'objet.*
EN CAS *DE BRÛLURE CHIMIQUE DE L'ŒIL,*
voir p. 64

1 Allongez l'enfant en posant sa tête sur vos genoux pour qu'il reste tranquille. Dites-lui de ne pas bouger les yeux si possible.

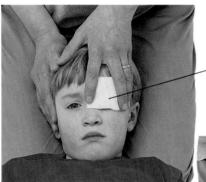

APPLIQUEZ
un pansement sur l'œil

2 Rassurez-le et recouvrez l'œil blessé d'un pansement ou d'une compresse stérile. Bandez en serrant suffisamment mais pas trop.

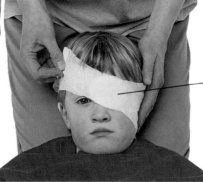

BANDEZ
pour maintenir le pansement

3 Bandez les deux yeux afin d'éviter que l'œil valide, en bougeant, n'entraîne l'autre.

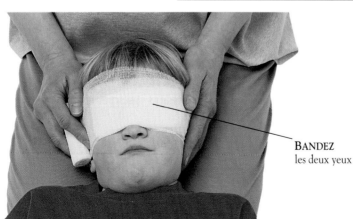

BANDEZ
les deux yeux

H CONDUISEZ L'ENFANT À L'HÔPITAL
Laissez-le allongé sur le dos.

52

SAIGNEMENT DE NEZ

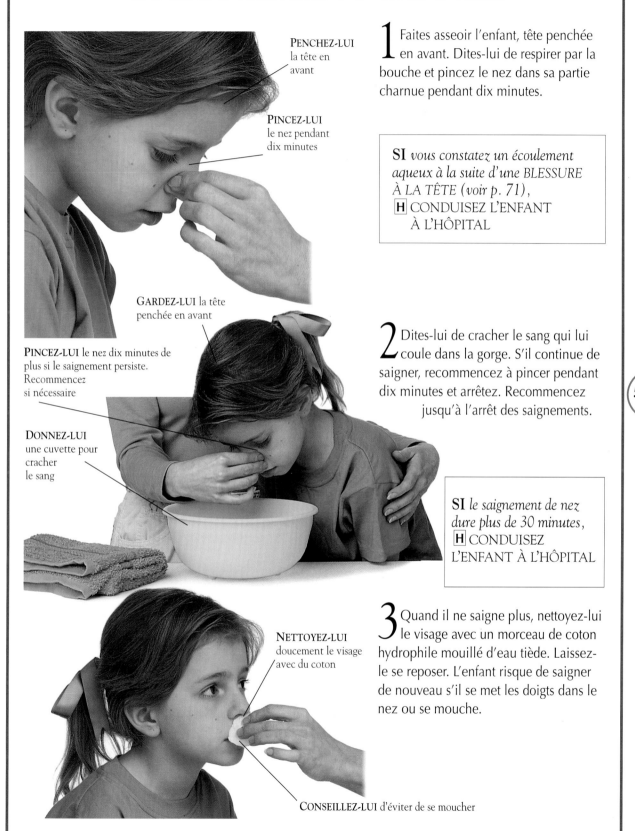

PENCHEZ-LUI la tête en avant

PINCEZ-LUI le nez pendant dix minutes

1 Faites asseoir l'enfant, tête penchée en avant. Dites-lui de respirer par la bouche et pincez le nez dans sa partie charnue pendant dix minutes.

> **SI** *vous constatez un écoulement aqueux à la suite d'une BLESSURE À LA TÊTE (voir p. 71),*
> **H** CONDUISEZ L'ENFANT À L'HÔPITAL

GARDEZ-LUI la tête penchée en avant

PINCEZ-LUI le nez dix minutes de plus si le saignement persiste. Recommencez si nécessaire

DONNEZ-LUI une cuvette pour cracher le sang

2 Dites-lui de cracher le sang qui lui coule dans la gorge. S'il continue de saigner, recommencez à pincer pendant dix minutes et arrêtez. Recommencez jusqu'à l'arrêt des saignements.

53

> **SI** *le saignement de nez dure plus de 30 minutes,*
> **H** CONDUISEZ L'ENFANT À L'HÔPITAL

NETTOYEZ-LUI doucement le visage avec du coton

3 Quand il ne saigne plus, nettoyez-lui le visage avec un morceau de coton hydrophile mouillé d'eau tiède. Laissez-le se reposer. L'enfant risque de saigner de nouveau s'il se met les doigts dans le nez ou se mouche.

CONSEILLEZ-LUI d'éviter de se moucher

OREILLE

Saignement à l'intérieur de l'oreille

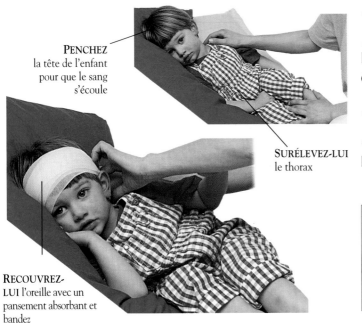

PENCHEZ
la tête de l'enfant
pour que le sang
s'écoule

SURÉLEVEZ-LUI
le thorax

RECOUVREZ-LUI l'oreille avec un
pansement absorbant et
bandez

1 Mettez l'enfant en position semi-assise, la tête penchée du côté de l'oreille blessée pour permettre au sang de s'écouler.

2 Appliquez un pansement absorbant sur l'oreille et bandez sans serrer. N'essayez pas d'ôter un corps étranger dans l'oreille.

☎ APPELEZ UN MÉDECIN

> **SI** *le saignement fait suite à une*
> *BLESSURE À LA TÊTE*
> *(voir p. 71) et si le liquide qui sort de*
> *l'oreille est clair et aqueux,*
> ☎ APPELEZ LE SAMU (Tél. : 15)

54

Saignement externe

1 Pincez doucement l'oreille avec un morceau de gaze pendant dix minutes.

2 Appliquez un pansement stérile sur l'oreille et bandez sans serrer.

☎ APPELEZ UN MÉDECIN

COMPRIMEZ
la blessure avec
un pansement
pendant dix
minutes

BANDEZ
pour tenir le
pansement sur
l'oreille

> **SI** *la blessure a été causée par une boucle*
> *d'oreille arrachée, des points de suture seront*
> *peut-être nécessaires.* **H** CONDUISEZ
> L'ENFANT À L'HÔPITAL

BLESSURE À LA BOUCHE

PENCHEZ
l'enfant
au-dessus
d'une cuvette

NE LUI RINCEZ PAS *la bouche, cela pourrait empêcher un caillot de se former.*

PRESSEZ
un pansement sur
la plaie pendant
dix minutes

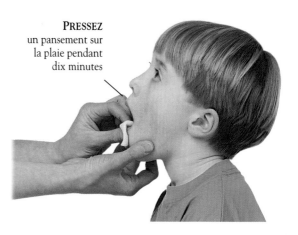

1 Faites asseoir l'enfant, la tête penchée au-dessus d'une cuvette dans laquelle il pourra laisser couler le sang.

2 Appliquez un pansement sur la plaie et pressez entre le pouce et l'index pendant dix minutes.

55

Dent cassée

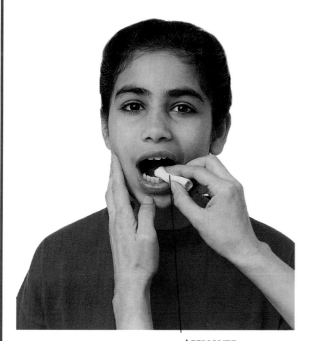

APPLIQUEZ
un pansement à
l'emplacement de la dent
manquante

UNE DENT DÉFINITIVE *peut être réimplantée. Ne la lavez pas. Mettez-la dans du lait.* H CONDUISEZ L'ENFANT À L'HÔPITAL

1 Appliquez à l'emplacement de la dent un pansement plus gros que les dents voisines pour que l'enfant puisse le mordre.

2 Demandez à l'enfant de s'asseoir et de poser sa mâchoire sur sa main. Il doit mordre très fort le pansement. Pour un jeune enfant, vous aurez peut-être à maintenir le pansement.

LES DENTS DE LAIT *ne se réimplantent pas, mais assurez-vous que l'enfant ne l'a pas avalée ou inhalée. Faites examiner la gencive par un dentiste.*

AMPUTATION

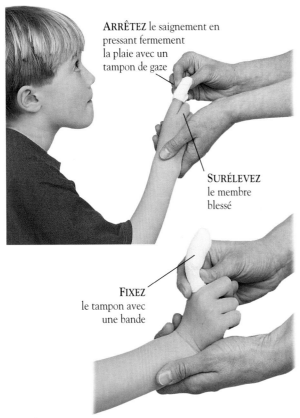

ARRÊTEZ le saignement en pressant fermement la plaie avec un tampon de gaze

SURÉLEVEZ le membre blessé

FIXEZ le tampon avec une bande

1 Arrêtez le sang en pressant fermement la plaie avec un pansement stérile ou un tampon de gaze. Levez le membre blessé au-dessus du niveau du cœur.

NE FAITES PAS *de garrot.*

2 Fixez le pansement avec une bande ou du sparadrap en serrant. Vous pouvez couvrir un doigt avec un bandage spécial.

☎ APPELEZ LE SAMU (Tél. : 15) en précisant qu'il s'agit d'une amputation.

L'ENFANT *peut avoir une* HÉMORRAGIE, *voir p. 46.*

Soin de la partie amputée

LA MICROCHIRURGIE *permet parfois de « réimplanter » le membre coupé. L'enfant et la partie amputée doivent être transférés à l'hôpital au plus vite.* **NE LAVEZ JAMAIS** *la partie amputée et ne la mettez pas en contact avec la glace.* **N'APPLIQUEZ PAS** *de coton hydrophile à même la chair.*

2 Enveloppez d'un tissu doux, comme un mouchoir ou de la gaze.

3 Posez le tout au milieu d'un sac en plastique afin de préserver la partie amputée.

1 Enveloppez la partie sectionnée dans du film alimentaire ou un sac en plastique.

4 Mettez l'ensemble dans un autre sac rempli de glaçons. Inscrivez l'heure de l'accident et le nom de l'enfant. Remettez le sac au médecin du SAMU.

HÉMORRAGIE INTERNE

On peut craindre une hémorragie interne après un choc violent ou un accident de la circulation.

Les symptômes de l'hémorragie interne
• *Peau pâle, grisâtre, sueurs froides* • *Pouls rapide qui faiblit* • *Respiration courte, rapide* • *Bâillements, soupirs, agitation* • *Soif* • *Éventuellement, perte de connaissance.*

Après un coup violent, il peut y avoir :
• *Une ecchymose avec la marque des vêtements ou* *d'un objet à l'endroit du choc* • *Un saignement par les orifices – observez bien l'écoulement et tentez d'en prélever un peu pour l'hôpital.*
Voir BLESSURES À LA TÊTE, p. 71.

☎ APPELEZ LE SAMU (Tél. : 15)

> **SI** *l'enfant perd connaissance, évaluez son état* (*voir* BÉBÉ INCONSCIENT, *p. 16 ;* ENFANT INCONSCIENT, *p. 22*). *Préparez-vous à le réanimer. S'il respire, mettez-le en* POSITION LATÉRALE DE SÉCURITÉ.

SURÉLEVEZ les jambes de l'enfant

Allongez-le avec les jambes relevées.
Vérifiez la respiration et le pouls.

DESSERRER ses vêtements

VÉRIFIEZ la respiration et le pouls

ALLONGEZ-LE sur un tapis

METTEZ-LUI une couverture

57

ÉCRASEMENT

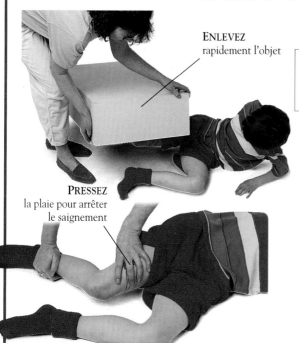

ENLEVEZ rapidement l'objet

PRESSEZ la plaie pour arrêter le saignement

☎ APPELEZ LE SAMU (Tél. : 15)

> **SI** *l'écrasement a duré plus de dix minutes, ne retirez pas l'objet, car cela risque d'aggraver des lésions internes. Rassurez l'enfant.*

1 Si l'accident vient de se produire, retirez la charge au plus vite.

2 Arrêtez le saignement en pressant sur la plaie avec la main ou un pansement propre.

> **SI** *vous craignez une fracture, soutenez le membre blessé avec du tissu, mais ne déplacez pas l'enfant avant l'arrivée des secours.*

BLESSURE AU THORAX

INSTALLEZ
l'enfant en position
semi-assise

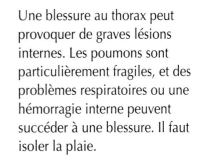

Une blessure au thorax peut provoquer de graves lésions internes. Les poumons sont particulièrement fragiles, et des problèmes respiratoires ou une hémorragie interne peuvent succéder à une blessure. Il faut isoler la plaie.

APPLIQUEZ
votre paume sur
la blessure

1 Appliquez votre paume sur la plaie et installez l'enfant en position semi-assise.

2 Appliquez sur la plaie un pansement stérile ou un tissu propre et fixez-le avec du sparadrap.

PLACEZ
un pansement
propre sur la
blessure

3 Recouvrez le pansement d'un morceau de film alimentaire que vous collerez avec du sparadrap.

RECOUVREZ
le pansement d'un film
alimentaire et collez-le
avec du sparadrap

4 Installez l'enfant sur des coussins en l'inclinant sur le côté blessé.

RASSUREZ-LE

SI *l'enfant perd connaissance, évaluez son état (voir BÉBÉ INCONSCIENT p. 16 ; ENFANT INCONSCIENT, p. 22). Préparez-vous à le réanimer. S'il respire, mettez-le en POSITION LATÉRALE DE SÉCURITÉ du côté blessé.*

ALLONGEZ
l'enfant sur
le côté blessé

☎ APPELEZ UN MÉDECIN OU LE SAMU (Tél. : 15)

BLESSURE ABDOMINALE

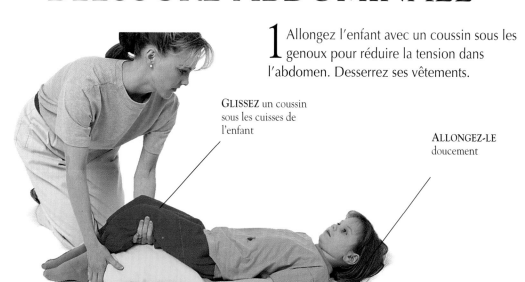

1 Allongez l'enfant avec un coussin sous les genoux pour réduire la tension dans l'abdomen. Desserrez ses vêtements.

GLISSEZ un coussin sous les cuisses de l'enfant

ALLONGEZ-LE doucement

2 Rassurez-le tout en appliquant un large pansement stérile sur la plaie. Appuyez si l'enfant est sur le point de tousser ou de vomir.

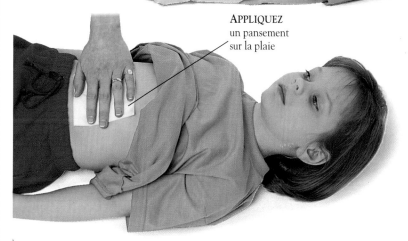

APPLIQUEZ un pansement sur la plaie

59

> **SI** *l'on voit une partie de l'intestin, recouvrez-la d'un sac en polyéthylène ou de film alimentaire avant d'apposer le pansement.*

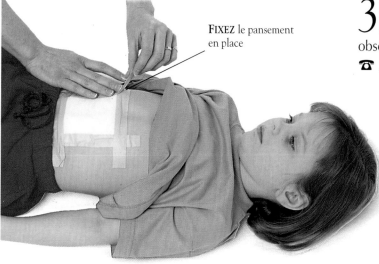

FIXEZ le pansement en place

3 Fixez le pansement à l'aide de sparadrap. Continuez de le rassurer en observant attentivement son état.
☎ APPELEZ LE SAMU (Tél. : 15)

> **SI** *l'enfant perd connaissance, évaluez son état (voir BÉBÉ INCONSCIENT, p. 16 ; ENFANT INCONSCIENT, p. 22). Préparez-vous à le réanimer.*

BRÛLURES

Pour l'attitude à adopter dans un incendie, voir
AGIR EN CAS D'URGENCE, p. 10.

NE RETIREZ PAS *un tissu qui colle à la partie atteinte, car cela risquerait d'abîmer encore plus la peau.*

SI *vous n'avez pas d'eau froide à portée de la main, utilisez un autre liquide froid, du lait, par exemple.*

REFROIDISSEZ
la brûlure à l'eau
froide pendant dix
minutes au moins

H CONDUISEZ L'ENFANT À L'HÔPITAL
OU ☎ APPELEZ LE SAMU (Tél. : 15)

1 Tenez la partie atteinte sous un robinet d'eau froide pendant dix minutes au moins pour refroidir la brûlure.

NE PLONGEZ PAS *l'enfant dans l'eau froide, il risquerait une hypothermie.*

RETIREZ les vêtements
et refroidissez de nouveau
la brûlure

2 Retirez les vêtements gênants et remettez de l'eau froide. Si le tissu colle à la peau, découpez-le.
Retirez les vêtements serrés en contact avec la zone brûlée avant qu'elle ne commence à enfler.

NE TOUCHEZ PAS *à la brûlure et ne crevez pas les cloques.*

60

3 Couvrez la brûlure d'un tissu propre et non fibreux (drap ou taie d'oreiller) pour éviter une infection. Il n'est pas nécessaire de fixer le tissu. N'appliquez aucun produit sur la brûlure.

NE DONNEZ *ni à boire ni à manger à l'enfant.*

SI *l'enfant perd connaissance, évaluez son état (voir BÉBÉ INCONSCIENT, p. 16 ; ENFANT INCONSCIENT, p. 22). Préparez-vous à le réanimer. S'il respire, mettez-le en POSITION LATÉRALE DE SÉCURITÉ.*

RECOUVREZ la brûlure d'un tissu lâche et non fibreux

Autres bandages Pour panser une main ou un pied brûlé, on peut prendre un sac en plastique ou du film alimentaire. On fixe avec un bandage ou du sparadrap sur le sac et non sur la peau.

UTILISEZ un sac en plastique propre

UTILISEZ un morceau de film alimentaire

61

Brûlures dans la bouche et la gorge

Dans cette zone, les brûlures sont très dangereuses car l'enflure et l'inflammation des voies respiratoires risquent d'entraîner une suffocation. Agissez sans perdre de temps. Desserrez les vêtements autour du cou.

NE RIEN DONNER À BOIRE

☎ APPELEZ LE SAMU (Tél. : 15)

SI *l'enfant a du mal à respirer, évaluez son état (voir BÉBÉ INCONSCIENT, p. 16 ; ENFANT INCONSCIENT, p. 22). Préparez-vous à le réanimer.*

BRÛLURE ÉLECTRIQUE

Une décharge électrique de bas voltage peut provoquer des brûlures. Elles peuvent se produire au point d'entrée et de sortie du courant. Voir BLESSURE ÉLECTRIQUE, p. 12.

NE TOUCHEZ PAS *l'enfant tant que le courant n'est pas coupé au compteur.*

SI *l'enfant perd connaissance, évaluez son état (voir BÉBÉ INCONSCIENT, p. 16; ENFANT INCONSCIENT, p. 22). Préparez-vous à le réanimer. S'il respire, mettez-le en POSITION LATÉRALE DE SÉCURITÉ.*

REFROIDISSEZ
la brûlure à l'eau froide pendant dix minutes

1 Tenez la partie atteinte sous un robinet d'eau froide pendant dix minutes au moins pour refroidir la brûlure.

2 Protégez la brûlure en la couvrant d'un tissu propre non fibreux ou d'un sac en plastique fermé avec de la bande adhésive.

H CONDUISEZ L'ENFANT À L'HÔPITAL

RECOUVREZ-LA
d'un sac en plastique propre

BRÛLURE CHIMIQUE DE LA PEAU

ÉLIMINEZ le produit à l'eau courante

METTEZ des gants pour vous protéger

Les brûlures chimiques peuvent être provoquées par des produits ménagers, tels que des dissolvants ou des produits caustiques. Les brûlures peuvent être graves, mais les symptômes se révèlent plus lentement que pour une brûlure thermique.

Les symptômes d'une brûlure chimique
• *Douleur cuisante* • *Rougeur ou marbrure*, suivie de • *Peau enflée et pelée*

1 Rincez à l'eau courante pour éliminer toute trace de produit.

> **NOTEZ** *le nom du produit concerné. Enfilez des gants de ménage et évitez les émanations. Voir INTOXICATION PAR ÉMANATIONS, p. 43 ; ABSORPTION DE PRODUITS CHIMIQUES, p. 65.*

63

Comment retirer les vêtements

DÉCOUPEZ le vêtement autour de la partie atteinte

RECOUVREZ la brûlure avec un tissu propre, lâche et non fibreux

Découpez le vêtement autour de la partie atteinte, à moins de pouvoir le retirer sans toucher d'autres parties du corps. Découpez tout autour de la brûlure et non pas en travers.

2 Recouvrez la brûlure d'un tissu propre, lâche et non fibreux, comme une taie d'oreiller. Ainsi, la blessure ne sera pas serrée lorsque la partie atteinte enflera. Vous pouvez mouiller le tissu pour apaiser la douleur.

H CONDUISEZ L'ENFANT À L'HÔPITAL

BRÛLURE CHIMIQUE DE L'ŒIL

Des éclaboussures de produits chimiques dans l'œil peuvent provoquer une blessure, voire rendre aveugle.

Les symptômes d'une brûlure chimique de l'œil
- *Douleur vive dans l'œil* • *Difficulté à ouvrir l'œil*
  - *Rougeur et gonflement de l'œil et des paupières*
  - *Œil noyé de larmes*

> **EMPÊCHEZ** *l'enfant de se frotter l'œil.*

> **L'ŒIL** *étant fermé par un spasme de douleur incontrôlable, vous devrez maintenir doucement les paupières ouvertes.*

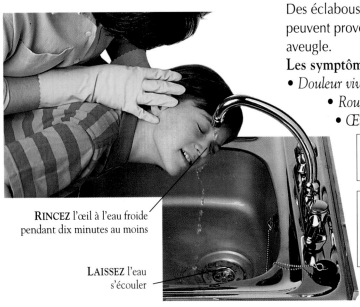

RINCEZ l'œil à l'eau froide pendant dix minutes au moins

LAISSEZ l'eau s'écouler

UTILSEZ une cruche si cela facilite l'opération

VEILLEZ à ne pas éclabousser le visage de l'enfant

1 Penchez l'enfant au-dessus d'une cuvette, l'œil atteint plus bas que l'autre, et faites doucement couler de l'eau froide sur l'œil contaminé pendant dix minutes au moins. Mettez des gants de ménage. Veillez à bien rincer les deux parties de la paupière et à bien faire couler l'eau en travers du visage. Il sera peut-être plus facile d'utiliser une cruche. Évitez d'éclabousser l'œil intact.

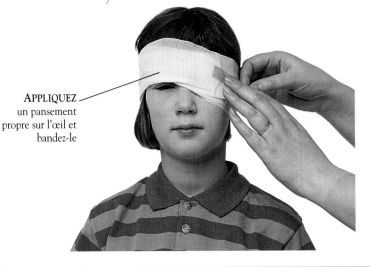

APPLIQUEZ un pansement propre sur l'œil et bandez-le

2 Lorsque l'œil atteint est bien rincé, recouvrez-le d'un tampon de gaze stérile. Bandez pour maintenir en place et collez avec du sparadrap.

3 **H** CONDUISEZ L'ENFANT À L'HÔPITAL

64

ABSORPTION DE PRODUITS CHIMIQUES

ESSUYEZ doucement les lèvres et la bouche de l'enfant

SI *vous pensez que l'enfant a avalé un produit toxique,*
☎ APPELEZ UN MÉDECIN

1 Essuyez les restes de produit sur le visage et la bouche.

NE JAMAIS DONNER À BOIRE.
Ne jamais donner de lait.

N'ESSAYEZ PAS *de faire vomir l'enfant, cela risque d'aggraver son état.*

65

CONSERVEZ le flacon du produit pour le montrer au médecin

2 Identifiez le produit avalé par l'enfant et téléphonez au médecin. Cela permettra de lui donner le traitement approprié.

SI *l'enfant perd connaissance, évaluez son état (voir BÉBÉ INCONSCIENT, p. 16 ; ENFANT INCONSCIENT, p. 22). Préparez-vous à le réanimer. S'il respire, mettez-le en POSITION LATÉRALE DE SÉCURITÉ.*

INTOXICATION MÉDICAMENTEUSE

NE FAITES PAS *vomir l'enfant, cela pourrait aggraver son état. S'il vomit, gardez un échantillon pour le montrer au médecin.*

CONSERVEZ le flacon

☎ APPELEZ UN MÉDECIN

Interrogez calmement l'enfant pour essayer de savoir quand il a avalé les comprimés et combien il en a pris. Vérifiez les indications portées sur le produit et communiquez-les à votre médecin.

COMPTEZ le nombre de comprimés restants

Si l'enfant est inconscient

☎ APPELEZ LE SAMU (Tél. : 15)

VIDEZ la bouche de l'enfant

1 Ouvrez la bouche de l'enfant. Si vous y voyez des médicaments, retirez-les avec le doigt.

ESSAYEZ *de découvrir quel médicament l'enfant a avalé et à quelle dose.*

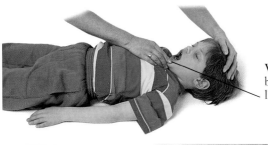

DÉGAGEZ les voies respiratoires   VÉRIFIEZ la respiration   VÉRIFIEZ le pouls

2 Dégagez-lui les voies respiratoires. Vérifiez sa respiration et son pouls (voir BÉBÉ INCONSCIENT, p. 16 ; ENFANT INCONSCIENT, p. 22). Préparez-vous à le réanimer. S'il respire, mettez-le en POSITION LATÉRALE DE SÉCURITÉ. Restez auprès de lui jusqu'à l'arrivée des secours.

METTEZ-LE en position latérale de sécurité s'il respire

INTOXICATION ALCOOLIQUE

MÊME *une petite quantité d'alcool peut être néfaste à un jeune enfant.*

Les symptômes de l'intoxication alcoolique • *Forte odeur d'alcool* • *Visage très rouge, en sueur* • *Discours hésitant* • *Marche vacillante* • *Respiration lourde, bruyante* • *Nausée* • *Pouls irrégulier*

INTERROGEZ l'enfant calmement

CHERCHEZ des symptômes d'intoxication

EXAMINEZ la bouteille pour voir combien l'enfant a bu

☎ APPELEZ UN MÉDECIN

Laissez l'enfant se reposer pendant que vous restez auprès de lui. Placez une cuvette à proximité au cas où il aurait envie de vomir. S'il s'endort, veillez à ce qu'il puisse se redresser facilement. S'il est très somnolent ou semble avoir perdu connaissance, voir ci-dessous.

67

Si l'enfant est inconscient

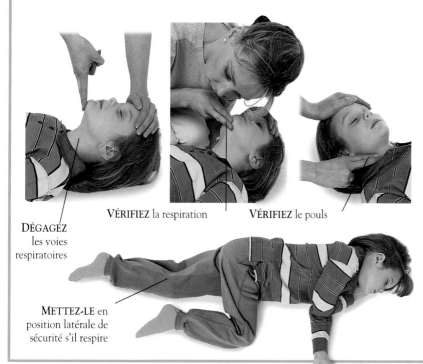

DÉGAGEZ les voies respiratoires

VÉRIFIEZ la respiration

VÉRIFIEZ le pouls

METTEZ-LE en position latérale de sécurité s'il respire

☎ APPELEZ LE SAMU (Tél. : 15)

MAINTENEZ *l'enfant au chaud. L'alcool dilate les vaisseaux sanguins, ce qui peut causer une hypothermie.*

Dégagez les voies respiratoires. Vérifiez le pouls et la respiration (voir BÉBÉ INCONSCIENT, p. 16 ; ENFANT INCONSCIENT, p. 22). Préparez-vous à le réanimer. S'il respire, mettez-le en POSITION LATÉRALE DE SÉCURITÉ. Restez auprès de lui jusqu'à l'arrivée des secours.

INTOXICATION PAR LES PLANTES

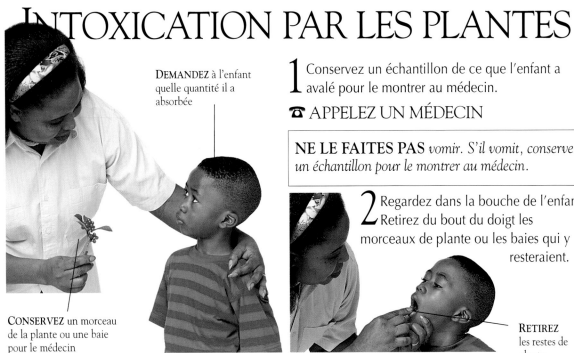

DEMANDEZ à l'enfant quelle quantité il a absorbée

CONSERVEZ un morceau de la plante ou une baie pour le médecin

1 Conservez un échantillon de ce que l'enfant a avalé pour le montrer au médecin.

☎ APPELEZ UN MÉDECIN

> **NE LE FAITES PAS** *vomir. S'il vomit, conservez un échantillon pour le montrer au médecin.*

2 Regardez dans la bouche de l'enfant. Retirez du bout du doigt les morceaux de plante ou les baies qui y resteraient.

RETIREZ les restes de plante

Si l'enfant est inconscient

VIDEZ la bouche de l'enfant

1 Ouvrez-lui la bouche. Retirez du bout du doigt les morceaux visibles.

☎ APPELEZ LE SAMU (Tél. : 15)

DÉGAGEZ les voies respiratoires

VÉRIFIEZ la respiration

VÉRIFIEZ le pouls

2 Dégagez les voies respiratoires. Vérifiez le pouls et la respiration (voir BÉBÉ INCONSCIENT, p. 16; ENFANT INCONSCIENT, p. 22). Préparez-vous à le réanimer. S'il respire, mettez-le en POSITION LATÉRALE DE SÉCURITÉ. Restez auprès de lui jusqu'à l'arrivée des secours.

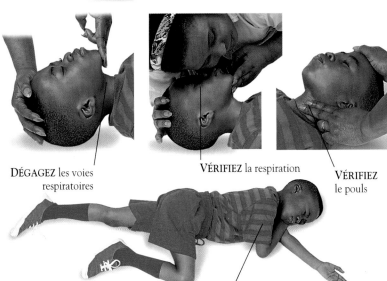

METTEZ-LE en position latérale de sécurité s'il respire

BLESSURE À LA TÊTE

APPLIQUEZ un pansement propre sur la plaie

APPUYEZ fermement

1 Appliquez sur la plaie un tissu propre ou un pansement stérile assez large. Comme les blessures au cuir chevelu peuvent saigner abondamment, appuyez fermement pour arrêter le sang. Au besoin, ajoutez un autre tampon. Continuez d'appuyer.

BANDEZ pour maintenir le pansement

SERREZ le bandage, mais pas trop

2 Bandez en serrant pour maintenir le pansement en place. Si le saignement persiste, pressez de nouveau avec la main.

> **SI** *l'enfant a reçu un coup sur la tête,*
> ☎ APPELEZ UN MÉDECIN
> *(voir aussi COMMOTION CÉRÉBRALE, p. 70 ; FRACTURE DU CRÂNE, p. 71).*

69

3 Allongez l'enfant en lui surélevant légèrement le haut du corps. Soyez attentif à tout changement de son état.

ALLONGEZ l'enfant

SURÉLEVEZ légèrement la tête et les épaules

> **SI** *l'enfant s'affaiblit ou perd connaissance, évaluez son état (voir BÉBÉ INCONSCIENT, p. 16 ; ENFANT INCONSCIENT, p. 22). Préparez-vous à le réanimer. S'il respire, mettez-le en POSITION LATÉRALE DE SÉCURITÉ.*
> ☎ APPELEZ LE SAMU (Tél. : 15)

COMMOTION CÉRÉBRALE

Un choc violent sur la tête peut ébranler le cerveau et provoquer une commotion cérébrale. Il s'ensuit une brève perte de connaissance, puis une récupération totale. Il faut distinguer un coup sur la tête sans commotion cérébrale, une brève période de commotion (moins de 20 secondes) et une perte de connaissance prolongée.

Les symptômes d'une commotion cérébrale
• *Brève perte de connaissance, suivie de vertige ou de nausée à la récupération* • *Perte de mémoire des événements qui viennent de se produire*
• *Léger mal de tête*

Enfant conscient

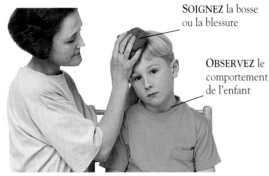

SOIGNEZ la bosse ou la blessure

OBSERVEZ le comportement de l'enfant

Si l'enfant s'est cogné la tête, faites-le asseoir et appliquez une compresse froide à l'endroit du choc.

> **SURVEILLEZ** *le comportement de l'enfant. S'il n'a pas complètement récupéré en quelques minutes,*
> ☎ APPELEZ UN MÉDECIN

Enfant qui reprend connaissance rapidement

1 Si l'enfant a été assommé, même brièvement,
☎ APPELEZ UN MÉDECIN

2 Laissez-le se reposer et observez-le attentivement. S'il n'a pas récupéré au bout d'une demi-heure,
☎ APPELEZ LE SAMU (Tél. : 15)

SURVEILLEZ attentivement le comportement de l'enfant

FAITES-LE se reposer

Enfant inconscient

VÉRIFIEZ le pouls

DÉGAGEZ les voies respiratoires

VÉRIFIEZ la respiration

METTEZ-LE en position latérale de sécurité s'il respire

☎ APPELEZ LE SAMU (Tél. : 15)

Dégagez les voies respiratoires. Vérifiez le pouls et la respiration (voir BÉBÉ INCONSCIENT, p. 16 ; ENFANT INCONSCIENT, p. 22). Préparez-vous à le réanimer. S'il respire, mettez-le en POSITION LATÉRALE DE SÉCURITÉ. Restez auprès de lui jusqu'à l'arrivée du SAMU.

FRACTURE DU CRÂNE

Une fracture du crâne est un accident qui peut être très grave et nécessite des soins urgents pour limiter les risques de détérioration cérébrale ou d'infection.

Les symptômes d'une fracture du crâne
• *Blessure ou coup sur la tête* • *Zone molle sur le cuir chevelu* • *Affaiblissement de la conscience* • *Détérioration des réactions* • *Liquide clair* *s'écoulant du nez ou de l'oreille* • *Sang dans le blanc de l'œil* • *Déformation de la tête ou du visage*

☎ APPELEZ LE SAMU (Tél. : 15)

> **SI** *vous craignez des LÉSIONS AU DOS et À LA NUQUE, voir pp. 73 à 75.*

Enfant inconscient

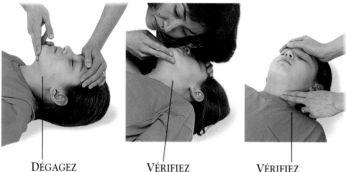

DÉGAGEZ les voies respiratoires

VÉRIFIEZ la respiration

VÉRIFIEZ le pouls

1 Dégagez les voies respiratoires. Vérifiez le pouls et la respiration (voir BÉBÉ INCONSCIENT, p. 16 ; ENFANT INCONSCIENT, p. 22).

71

METTEZ-LE en position latérale de sécurité s'il respire

2 Si l'enfant respire, mettez-le en POSITION LATÉRALE DE SÉCURITÉ. Restez auprès de lui et notez tout changement de comportement jusqu'à l'arrivée des secours.

Réaction retardée

Après une blessure à la tête, une réaction grave peut survenir plusieurs heures ou même plusieurs jours plus tard. La compression cérébrale est causée par l'accumulation de sang dans le crâne qui fait pression sur le cerveau.

Les symptômes d'une compression cérébrale
• *Victime désorientée, perdue* • *Violent mal de tête* • *Niveau de conscience affaibli* • *Respiration* *bruyante, ralentie* • *Pouls lent, mais fort* • *Pupilles de dimensions inégales* • *Faiblesse ou paralysie* • *Température*
Préparez-vous à réanimer l'enfant *(voir BÉBÉ INCONSCIENT, p. 16 ; ENFANT INCONSCIENT, p. 22).*

☎ APPELEZ LE SAMU (Tél. : 15)

NEZ OU POMMETTE CASSÉ

APPLIQUEZ une compresse froide

1 Faites asseoir l'enfant et appliquez une compresse froide sur la partie atteinte. Cela l'empêche de trop enfler. Maintenez la compresse pendant une demi-heure environ.

2 Si l'enfant saigne du nez abondamment, dites-lui de pencher la tête au-dessus d'une cuvette et de se pincer les narines.

PINCEZ les narines pour arrêter le sang

PENCHEZ la tête de l'enfant au-dessus d'une cuvette

SI *l'enfant a trop mal pour se pincer les narines, dites-lui de se pencher en avant et donnez-lui un tissu doux ou une serviette pour essuyer le sang.*
H CONDUISEZ L'ENFANT À L'HÔPITAL

MÂCHOIRE FRACTURÉE

Les symptômes d'une fracture de la mâchoire
• *Mâchoire molle, gonflée, douloureuse*
• *Dents désalignées*

PENCHEZ l'enfant en avant

APPLIQUEZ un pansement et soutenez la mâchoire avec la main

1 Penchez la tête de l'enfant en avant. Dites-lui de ne pas avaler, mais de laisser couler le sang ou la salive.

SI *l'enfant perd connaissance, évaluez son état (voir BÉBÉ INCONSCIENT, p. 16 ; ENFANT INCONSCIENT, p. 22). Préparez-vous à le réanimer. S'il respire, mettez-le en POSITION LATÉRALE DE SÉCURITÉ.*
 APPELEZ LE SAMU (Tél. : 15)

2 Pliez un pansement et maintenez-le fermement sous la mâchoire. Ne le bandez pas, au cas où l'enfant voudrait vomir. Soutenez la mâchoire pendant le trajet à l'hôpital.
H CONDUISEZ L'ENFANT À L'HÔPITAL

LÉSIONS AU DOS ET À LA NUQUE

Enfant conscient

☎ APPELEZ LE SAMU (Tél. : 15)

NE DÉPLACEZ PAS *l'enfant sauf si sa vie est en danger.* SI *vous devez le changer de place, essayez de le maintenir « d'une pièce », sans tordre la nuque ou la colonne vertébrale.*

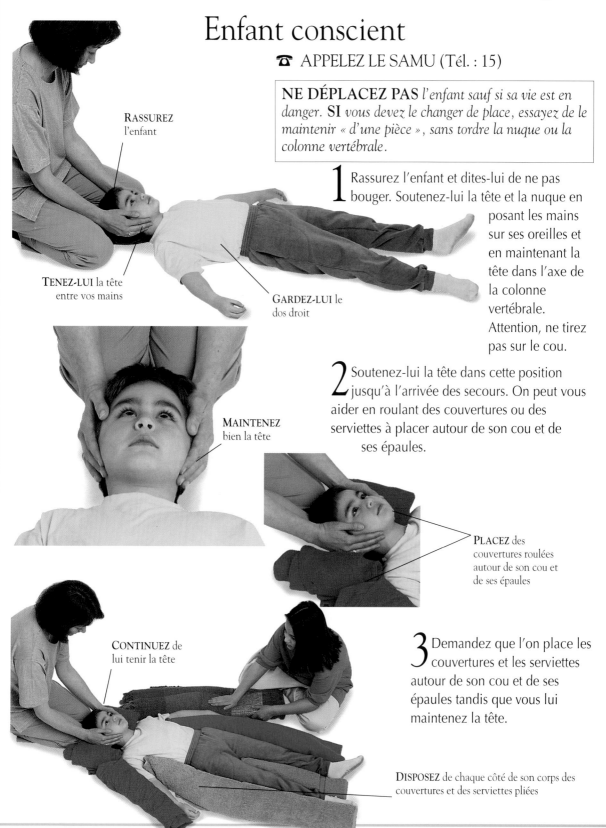

RASSUREZ
l'enfant

TENEZ-LUI la tête
entre vos mains

GARDEZ-LUI le
dos droit

MAINTENEZ
bien la tête

PLACEZ des
couvertures roulées
autour de son cou et
de ses épaules

CONTINUEZ de
lui tenir la tête

DISPOSEZ de chaque côté de son corps des
couvertures et des serviettes pliées

1 Rassurez l'enfant et dites-lui de ne pas bouger. Soutenez-lui la tête et la nuque en posant les mains sur ses oreilles et en maintenant la tête dans l'axe de la colonne vertébrale. Attention, ne tirez pas sur le cou.

2 Soutenez-lui la tête dans cette position jusqu'à l'arrivée des secours. On peut vous aider en roulant des couvertures ou des serviettes à placer autour de son cou et de ses épaules.

3 Demandez que l'on place les couvertures et les serviettes autour de son cou et de ses épaules tandis que vous lui maintenez la tête.

73

LÉSIONS AU DOS ET À LA NUQUE
Enfant inconscient

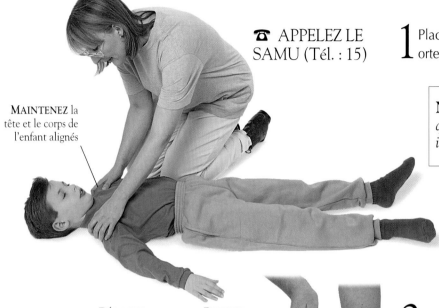

☎ APPELEZ LE
SAMU (Tél. : 15)

1 Placez la tête, le tronc et les orteils de l'enfant en ligne droite.

> **NE DÉPLACEZ** *l'enfant que si sa vie est en danger immédiat.*

MAINTENEZ la tête et le corps de l'enfant alignés

DÉGAGEZ les voies respiratoires

RELEVEZ le menton

2 Posez deux doigts sous le menton et relevez tout doucement la mâchoire pour dégager les voies respiratoires. En même temps, posez la main sur son front et renversez-lui légèrement la tête en arrière.

CONTINUEZ de lui tenir la tête

BASCULEZ tout doucement la tête en arrière en la soutenant

3 Vérifiez la respiration (voir BÉBÉ INCONSCIENT, p. 16; ENFANT INCONSCIENT, p. 22).

4 En laissant une paume sur son front, vérifiez le pouls (voir BÉBÉ INCONSCIENT, p. 16; ENFANT INCONSCIENT, p. 22). Préparez-vous à le réanimer.

VÉRIFIEZ la respiration

VÉRIFIEZ le pouls

CONTINUEZ de lui tenir la tête

74

Position de sécurité modifiée

FAITES-VOUS aider pour soutenir la tête et la nuque de l'enfant

ALLONGEZ-LUI tout doucement la jambe

CROISEZ sur sa poitrine son bras opposé

SOULEVEZ et pliez la jambe opposée

ÉCARTEZ le bras le plus proche, coude plié, paume en l'air

Si le SAMU n'est pas encore arrivé, mettez l'enfant en position latérale de sécurité modifiée, ce qui permet de maintenir dans l'alignement la tête et le tronc.

1 Demandez que l'on vous aide en soutenant la tête de l'enfant. Prenez sa cuisse opposée. Soulevez-la doucement et pliez-la au genou. Pliez sur sa poitrine le bras qui vous est opposé.

SOUTENEZ la tête dans l'alignement du tronc

SOUTENEZ la tête et la nuque

FAITES rouler l'enfant en gardant la tête alignée

TIREZ sur son genou

2 Tirez sur son genou et faites-le rouler doucement. Gardez la tête et le tronc alignés.

3 Lorsque l'enfant est sur le côté, tête renversée en arrière, maintenez-le dans cette position jusqu'à l'arrivée des secours. Surveillez le pouls et la respiration. Préparez-vous à le réanimer, voir ci-dessous et BÉBÉ INCONSCIENT, p. 16; ENFANT INCONSCIENT, p. 22.

SOUTENEZ la jambe supérieure pour l'empêcher de rouler sur le ventre

75

Comment faire rouler un enfant inconscient

MAINTENEZ la tête dans l'alignement du corps pendant que l'enfant est tourné

L'UN tire doucement en tenant les bras et les jambes

L'AUTRE maintient le tronc droit

Pour réanimer un enfant qui s'arrête de respirer, voici la technique à utiliser pour le mettre sur le dos. Comme il faut absolument que la tête, le tronc et les pieds restent dans l'alignement, vous aurez besoin d'aide. Tandis qu'un adulte tient la tête de l'enfant, deux autres lui allongent bras et jambes et le font rouler en même temps. Vous pourrez ensuite le réanimer (voir BÉBÉ INCONSCIENT, p. 16; ENFANT INCONSCIENT, p. 22).

FRACTURE DE LA JAMBE

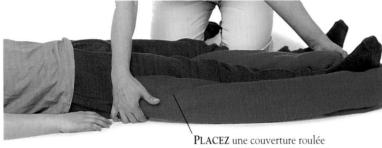

SOUTENEZ la jambe aux articulations au-dessus et au-dessous de la blessure

1 Allongez doucement l'enfant en soutenant les articulations de la cheville et de la jambe. Faites vous aider, si possible.

2 Immobilisez la jambe blessée. Placez une couverture roulée en forme de U autour de la jambe. Si la couverture est trop petite, placez-la à l'extérieur de la jambe et mettez-en une autre entre les jambes. Au besoin, recouvrez l'enfant d'une couverture pour qu'il reste au chaud.

PLACEZ une couverture roulée en forme de U autour de la jambe

☎ APPELEZ UN MÉDECIN

Comment faire des bandages larges ou étroits

PLIEZ un bandage triangulaire

RELIEZ la pointe supérieure jusqu'à la base

BANDAGE À PLI LARGE

PLIEZ le bandage en deux pour faire un bandage large

BANDAGE À PLI ÉTROIT

PLIEZ de nouveau le bandage en deux pour faire un bandage étroit

Comment faire un nœud plat

CROISEZ le côté gauche (jaune) au-dessus du droit (bleu)

PASSEZ le jaune dessous et ressortez à travers la boucle

PASSEZ le jaune par-dessus le bleu et à travers la boucle

TIREZ fermement les extrémités

Comment faire une attelle à une jambe

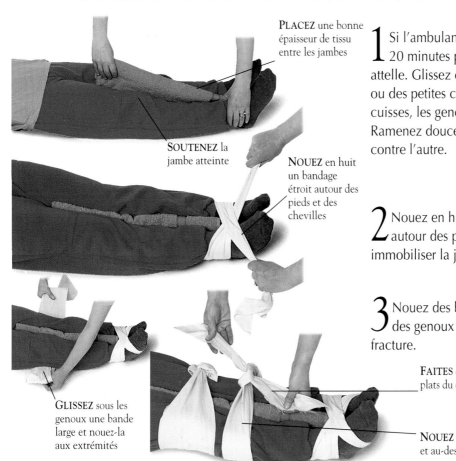

PLACEZ une bonne épaisseur de tissu entre les jambes

SOUTENEZ la jambe atteinte

NOUEZ en huit un bandage étroit autour des pieds et des chevilles

GLISSEZ sous les genoux une bande large et nouez-la aux extrémités

FAITES des nœuds plats du côté valide

NOUEZ des bandages larges aux genoux et au-dessus de la fracture

1 Si l'ambulance doit mettre plus de 20 minutes pour arriver, faites une attelle. Glissez doucement des serviettes ou des petites couvertures pliées entre les cuisses, les genoux et les chevilles. Ramenez doucement la jambe valide contre l'autre.

2 Nouez en huit un bandage étroit autour des pieds et des chevilles pour immobiliser la jambe.

3 Nouez des bandages larges autour des genoux et au-dessus de la fracture.

77

FRACTURE DU PELVIS

LES BLESSURES au pelvis sont généralement provoquées par un écrasement ou un choc direct.
Il peut y avoir une HÉMORRAGIE INTERNE (p. 57).

☎ APPELEZ LE SAMU (Tél. : 15)

Les symptômes d'un pelvis fracturé
• *Impossibilité de marcher ou de se tenir debout*
• *Douleur et mollesse de la région de la hanche et de l'aine*
• *Saignement du canal urinaire*

Allongez doucement l'enfant en lui gardant la tête à plat. Glissez-lui une bonne épaisseur de tissu entre les jambes. Immobilisez les jambes à l'aide d'un bandage en huit et de bandages à pli large, voir ci-dessus. Des coussins placés sous les genoux peuvent atténuer la douleur.

NE POSEZ PAS *de bandage si c'est douloureux pour l'enfant.*

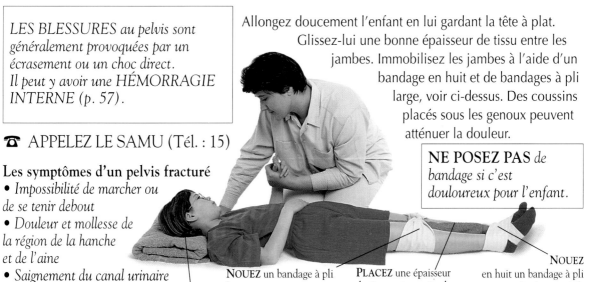

GARDEZ la tête de l'enfant à plat

NOUEZ un bandage à pli large aux genoux

PLACEZ une épaisseur de tissu entre ses jambes

NOUEZ en huit un bandage à pli étroit aux pieds

LÉSION AU GENOU

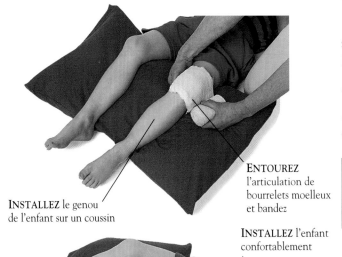

1 Allongez l'enfant puis glissez un coussin sous le genou blessé pour le soutenir. Entourez le genou de coton hydrophile ou d'une matière douce.

2 En vous mettant du côté atteint, bandez pour maintenir les bourrelets en place.

N'ESSAYEZ PAS *d'allonger le genou de l'enfant, cela risquerait d'aggraver la blessure.*

N'AUTORISEZ PAS *l'enfant à manger, à boire ou à marcher.*

ENTOUREZ l'articulation de bourrelets moelleux et bandez

INSTALLEZ le genou de l'enfant sur un coussin

INSTALLEZ l'enfant confortablement

Ⓗ CONDUISEZ L'ENFANT À L'HÔPITAL
OU ☎ APPELEZ UN MÉDECIN OU LE SAMU (Tél. : 15)

FRACTURE DU PIED

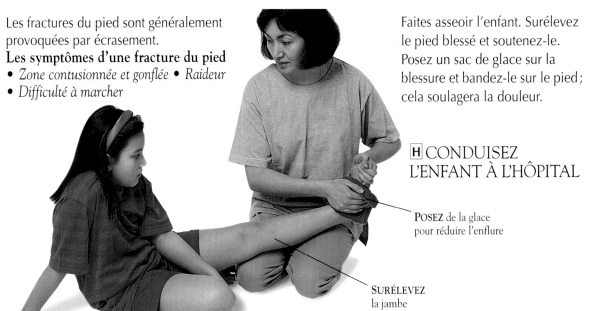

Les fractures du pied sont généralement provoquées par écrasement.

Les symptômes d'une fracture du pied
• *Zone contusionnée et gonflée* • *Raideur*
• *Difficulté à marcher*

Faites asseoir l'enfant. Surélevez le pied blessé et soutenez-le. Posez un sac de glace sur la blessure et bandez-le sur le pied ; cela soulagera la douleur.

Ⓗ CONDUISEZ L'ENFANT À L'HÔPITAL

POSEZ de la glace pour réduire l'enflure

SURÉLEVEZ la jambe

78

FRACTURE DE LA CLAVICULE

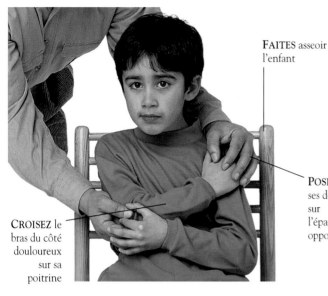

La clavicule peut se fracturer par un choc indirect, comme une chute les bras étendus ou un coup sur l'épaule. **Les symptômes d'une fracture de la clavicule** • *Douleur et sensibilité accentuées par le mouvement* • *Tête tournée et penchée du côté de la fracture*

FAITES asseoir l'enfant

POSEZ ses doigts sur l'épaule opposée

CROISEZ le bras du côté douloureux sur sa poitrine

1 Asseyez l'enfant et croisez doucement sur sa poitrine le bras du côté douloureux. Demandez-lui de tenir son coude dans la main.

SOUTENEZ le bras avec une écharpe de surélévation

2 Soutenez le bras avec une ÉCHARPE DE SURÉLÉVATION (voir p. 111). Faites des NŒUDS PLATS (voir p. 76).

3 Immobilisez le bras avec un BANDAGE LARGE (voir p. 76 et ci-dessous).

Ⓗ CONDUISEZ L'ENFANT À L'HÔPITAL

GLISSEZ une serviette pliée entre le bras et le corps

SERREZ le bandage large autour du corps et du bras

79

Comment fixer une écharpe avec un bandage large

Une écharpe suffit pour soutenir un bras blessé, mais un bandage large procurera un plus grand confort si l'enfant doit effectuer un trajet.

GLISSEZ une serviette pliée entre le bras et le corps

PLACEZ un bandage large autour du corps et du bras

TERMINEZ pas un nœud plat du côté valide

FRACTURE DU BRAS

CROISEZ le bras de l'enfant sur sa poitrine

DEMANDEZ à l'enfant de soutenir son bras

METTEZ une serviette pliée autour du bras blessé

PLACEZ le bras dans une écharpe

Le traitement indiqué ci-dessous est recommandé pour des fractures au bras, à l'avant-bras et au poignet.

1 Demandez à l'enfant de s'asseoir et de soutenir le bras malade dans sa main.

2 Mettez une serviette pliée entre le bras blessé et la poitrine pour caler en douceur le membre.

3 Faites-lui une ÉCHARPE (voir p. 110) retenue par un NŒUD PLAT (voir p. 76).

4 Pour un meilleur soutien, mettez l'écharpe dans un BANDAGE LARGE qui soutiendra tout le bras (voir pp. 76 et 79).

H CONDUISEZ L'ENFANT À L'HÔPITAL

ATTACHEZ un bandage large autour du bras et de la poitrine

80

FRACTURE DU COUDE

ALLONGEZ l'enfant

CROISEZ le bras blessé en travers du corps

PLACEZ une serviette pliée entre le bras et le corps

Les blessures au coude nécessitent des soins particuliers et immédiats à l'hôpital.
Les symptômes d'une fracture du coude
• *Douleur accrue par toute tentative de mouvement* • *Raideur* • *Articulation gonflée ou contusionnée*

BANDEZ ensemble le bras et la poitrine avec un bandage large

N'ESSAYEZ PAS *d'allonger ou de plier le coude de l'enfant. Vérifiez que les bandages ne sont pas trop serrés.*

H CONDUISEZ L'ENFANT À L'HÔPITAL

ATTACHEZ le poignet et l'avant-bras au bassin avec un bandage large

FRACTURE DE CÔTE

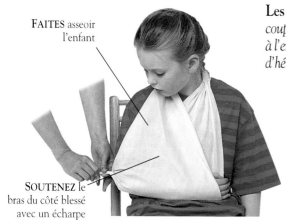

FAITES asseoir l'enfant

SOUTENEZ le bras du côté blessé avec un écharpe

Les symptômes d'une fracture de côte • *L'enfant a reçu un coup à la poitrine, a fait une chute ou a été écrasé* • *Douleur aiguë à l'emplacement de la fracture* • *Douleur en respirant* • *Symptômes d'hémorragie interne* • *Blessure ouverte au niveau de la fracture*

Soutenez le bras du côté atteint avec une ÉCHARPE (voir p. 110).

H CONDUISEZ L'ENFANT À L'HOPITAL

> **SI** *l'enfant à une BLESSURE AU THORAX (voir p. 58) ou une HÉMORRAGIE INTERNE (voir p. 57),*
> ☎ APPELEZ LE SAMU (Tél. : 15)

Fracture de côte ouverte ou multiple

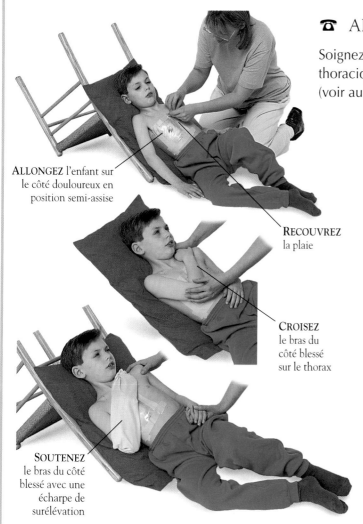

ALLONGEZ l'enfant sur le côté douloureux en position semi-assise

RECOUVREZ la plaie

CROISEZ le bras du côté blessé sur le thorax

SOUTENEZ le bras du côté blessé avec une écharpe de surélévation

☎ APPELEZ LE SAMU (Tél. : 15)

Soignez les plaies et soutenez la cage thoracique pour maintenir la respiration (voir aussi BLESSURE AU THORAX, p. 58)

1 Installez l'enfant sur des coussins en position semi-assise. Inclinez-le vers le côté atteint. Recouvrez les blessures au thorax d'un pansement stérile.

2 Croisez sur la poitrine le bras du côté blessé.

3 Soutenez le bras levé avec une ÉCHARPE DE SURÉLÉVATION (voir p. 111). Donnez-lui le maximum de confort jusqu'à l'arrivée du SAMU.

> **SI** *l'enfant perd connaissance ou respire avec difficulté, évaluez son état (voir BÉBÉ INCONSCIENT, p. 16 ; ENFANT INCONSCIENT, p. 22). Préparez-vous à le réanimer.*

81

FRACTURE DE LA MAIN

ENVELOPPEZ la main de l'enfant dans du coton

1 Entourez la main de coton hydrophile. Levez-la en la soutenant pour réduire le gonflement.

S'IL y a une plaie, surélevez la main de l'enfant et appuyez doucement un tampon propre non fibreux pour arrêter le sang.

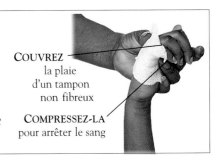

COUVREZ la plaie d'un tampon non fibreux

COMPRESSEZ-LA pour arrêter le sang

2 Placez le bras de l'enfant dans une ÉCHARPE DE SURÉLÉVATION (voir p. 111) pour réduire le gonflement et empêcher tout mouvement.

SOUTENEZ la main et le bras avec une écharpe de surélévation

NOUEZ un bandage large autour du bras et du corps

3 Placez un BANDAGE LARGE autour du bras (voir pp. 76 et 79), que vous fixerez avec un nœud plat du côté valide.

CONDUISEZ L'ENFANT
H À L'HÔPITAL

DOIGTS PINCÉS

CALMEZ la douleur à l'eau froide

Faites couler de l'eau froide sur les doigts pendant quelques minutes pour soulager l'enfant et réduire le gonflement. S'il a encore mal, mettez une COMPRESSE FROIDE (voir p. 84).

SI, au bout d'une demi-heure, les doigts sont encore enflés et ne remuent pas normalement, il peut y avoir fracture.
H CONDUISEZ L'ENFANT À L'HÔPITAL

82

ENTORSE DE LA CHEVILLE

Si l'enfant ne peut peser de tout son poids sur un pied après une chute ou un faux pas, il peut s'agir d'une entorse.

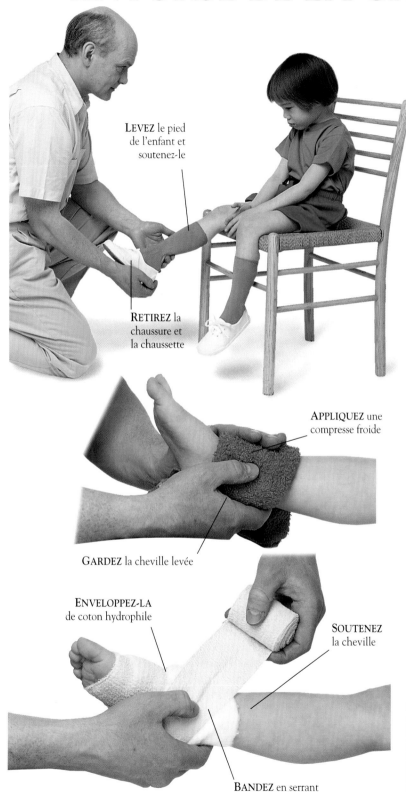

LEVEZ le pied de l'enfant et soutenez-le

RETIREZ la chaussure et la chaussette

APPLIQUEZ une compresse froide

GARDEZ la cheville levée

ENVELOPPEZ-LA de coton hydrophile

SOUTENEZ la cheville

BANDEZ en serrant

1 Asseyez l'enfant pour soulager le pied. Avec douceur, retirez la chaussure et la chaussette avant que l'articulation ne gonfle.

2 Pour réduire le gonflement, appliquez une COMPRESSE FROIDE, un morceau de flanelle plongé dans de l'eau froide ou de la glace, par exemple (voir page suivante).

3 Enveloppez la cheville d'une bonne épaisseur de coton hydrophile. Bandez en serrant. Surélevez le pied.

☎ APPELEZ UN MÉDECIN

S'IL *s'agit d'une* FRACTURE DU PIED, *voir p. 78.*

H CONDUISEZ L'ENFANT À L'HÔPITAL

83

CONTUSIONS

Après une chute ou un choc, des contusions et un gonflement peuvent apparaître rapidement. Le repos, le froid et la surélévation du membre peuvent réduire les symptômes.

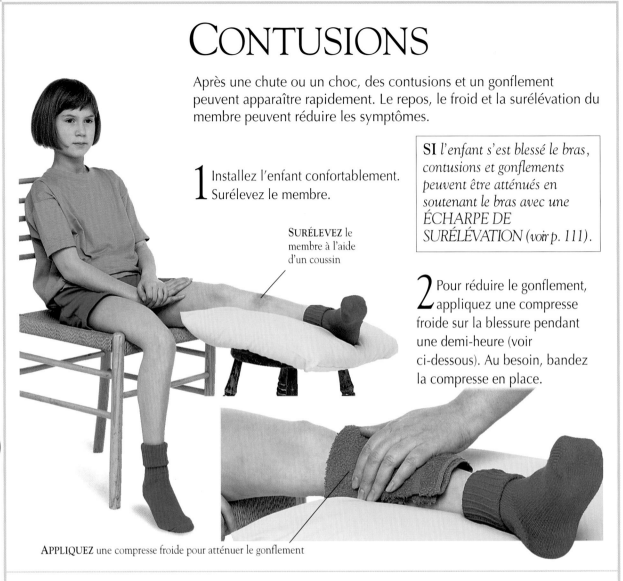

1 Installez l'enfant confortablement. Surélevez le membre.

SURÉLEVEZ le membre à l'aide d'un coussin

> **SI** *l'enfant s'est blessé le bras, contusions et gonflements peuvent être atténués en soutenant le bras avec une ÉCHARPE DE SURÉLÉVATION (voir p. 111).*

2 Pour réduire le gonflement, appliquez une compresse froide sur la blessure pendant une demi-heure (voir ci-dessous). Au besoin, bandez la compresse en place.

APPLIQUEZ une compresse froide pour atténuer le gonflement

84

Comment faire une compresse froide

Tissu : trempez-le dans l'eau froide toutes les dix minutes et remettez-le en place.

Sachet de petits pois congelés : enveloppez-le dans un torchon et posez-le sur la blessure.

Glace : remplissez aux deux tiers un sac en plastique avec des glaçons, ajoutez un peu de sel pour les faire fondre et fermez.

Une compresse froide atténue le gonflement et la douleur en diminuant l'épanchement sous-cutané de sang dans la zone atteinte. Laissez la compresse pendant une demi-heure environ, renouvelez au besoin. Si nécessaire, bandez avec de la gaze ou un autre tissu aéré.

ÉCHARDE

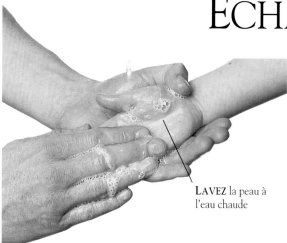

LAVEZ la peau à l'eau chaude

1 Nettoyez la peau autour de l'écharde à l'eau chaude et au savon.

> **SI** *l'enfant n'est pas vacciné contre le* *TÉTANOS (p. 50),*
> ☎ APPELEZ UN MÉDECIN

> **N'UTILISEZ PAS** *d'aiguille*.

STÉRILISEZ une pince à épiler sur une flamme

2 Stérilisez une pince à épiler en la passant sur une flamme. Laissez-la refroidir. Ne touchez pas les extrémités de la pince.

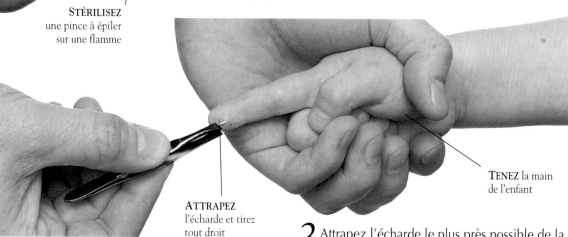

TENEZ la main de l'enfant

ATTRAPEZ l'écharde et tirez tout droit

3 Attrapez l'écharde le plus près possible de la peau et tirez dans l'angle de pénétration.

> **SI** *l'écharde ne sort pas facilement ou si elle se casse,* ☎ APPELEZ UN MÉDECIN

PRESSEZ pour faire sortir une goutte de sang

4 Pressez la plaie pour faire saigner et retirer la saleté. Lavez de nouveau, essuyez et mettez un sparadrap.

85

ŒIL

OUVREZ doucement les paupières de l'enfant

EXAMINEZ le pourtour de l'œil

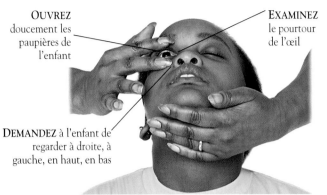

DEMANDEZ à l'enfant de regarder à droite, à gauche, en haut, en bas

NE TENTEZ PAS *de toucher ou de retirer un corps étranger qui adhère ou est enfoncé dans l'œil (voir ci-dessous.)*

1 Asseyez l'enfant face à la lumière. Ouvrez-lui les paupières. Demandez-lui de regarder à droite, à gauche, en haut, en bas. Examinez bien le pourtour de l'œil.

ESSAYEZ de rincer pour éliminer le corps étranger

RETIREZ le corps étranger avec un tissu humide

UTILISEZ un bol pour récupérer l'eau

2 Si vous voyez un corps étranger, rincez à l'aide d'une cruche d'eau propre. Basculez la tête de l'enfant en arrière et versez l'eau dans le coin interne de l'œil. Sinon, utilisez un tissu ou un mouchoir mouillé pour le retirer.

3 Si le corps étranger est sous la paupière, un enfant âgé pourra le retirer en tirant sa paupière supérieure par-dessus l'autre. Si l'enfant est petit, faites-le pour lui. Enveloppez-le d'abord dans une serviette pour l'empêcher de vous

FAITES glisser la paupière supérieure sur l'autre

SI *l'œil est encore rouge ou douloureux,*

H CONDUISEZ L'ENFANT À L'HÔPITAL

Corps étranger que l'on ne peut pas retirer

Recouvrez l'œil d'un tampon et bandez en appuyant légèrement, puis bandez les deux yeux pour empêcher que les mouvements de l'œil intact n'entraînent l'autre. Réconfortez l'enfant.

H CONDUISEZ L'ENFANT À L'HÔPITAL

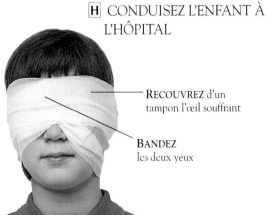

RECOUVREZ d'un tampon l'œil souffrant

BANDEZ les deux yeux

OREILLE

IDENTIFIEZ l'objet mais n'essayez pas de le retirer

Les enfants s'enfoncent souvent des objets dans les oreilles. Un objet dur peut, en se coinçant, faire mal et entraîner une surdité temporaire. Il peut endommager le tympan.

> **N'ESSAYEZ PAS** *de retirer l'objet.*

Rassurez l'enfant et demandez-lui ce qu'il a mis dans l'oreille. N'essayez pas de retirer l'objet, même si vous le voyez.

H CONDUISEZ L'ENFANT À L'HÔPITAL

87

Insecte dans l'oreille

Si un insecte volant ou rampant s'introduit dans l'oreille, l'enfant peut s'affoler. Faites-le s'asseoir et penchez-lui la tête du côté de l'oreille intacte. Remplissez doucement l'oreille d'eau tiède pour évacuer l'insecte.

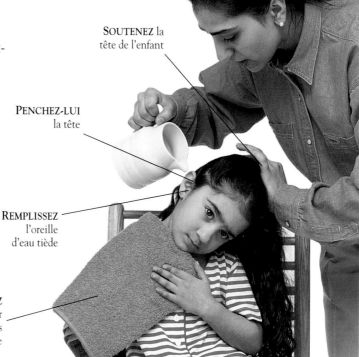

SOUTENEZ la tête de l'enfant

PENCHEZ-LUI la tête

REMPLISSEZ l'oreille d'eau tiède

> **SI** *vous ne pouvez pas retirer l'insecte,*
> H CONDUISEZ L'ENFANT À L'HÔPITAL

DEMANDEZ à l'enfant de tenir une serviette sous son oreille

NEZ

Les symptômes d'un corps étranger dans le nez
• *Respiration nasale difficile ou bruyante* • *Nez enflé*
• *Un mucus malodorant ou teinté de sang indique que l'objet est coincé depuis un certain temps.*

Rassurez l'enfant et dites-lui de respirer par la bouche.

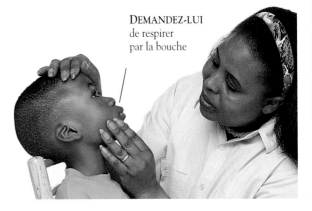

DEMANDEZ-LUI
de respirer
par la bouche

> **N'ESSAYEZ PAS** *de retirer l'objet*
> Ⓗ CONDUISEZ L'ENFANT À L'HÔPITAL

OBJET AVALÉ

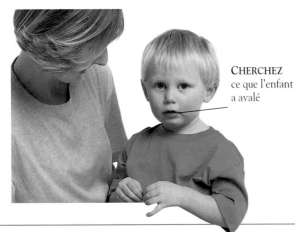

CHERCHEZ
ce que l'enfant
a avalé

Cherchez ce que l'enfant a avalé. Si l'objet est petit et lisse, comme un caillou ou une pièce de monnaie, le danger n'est pas grand.

☎ APPELEZ UN MÉDECIN

> **SI** *l'objet est gros ou pointu, ne donnez ni à boire ni à manger à l'enfant.*
> Ⓗ CONDUISEZ L'ENFANT À L'HÔPITAL

CORPS ÉTRANGER INHALÉ

Des objets petits et lisses peuvent passer dans les voies respiratoires. Les cacahuètes sont dangereuses pour les jeunes enfants car elles peuvent passer dans les poumons. L'enfant se met à tousser violemment. Couchez-le sur vos genoux et donnez-lui des coups secs entre les omoplates. S'il continue à tousser, voir ÉTOUFFEMENT : LE BÉBÉ, p. 36; ÉTOUFFEMENT : l'ENFANT, p. 38.

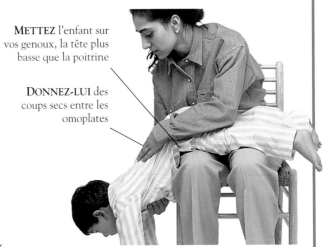

METTEZ l'enfant sur
vos genoux, la tête plus
basse que la poitrine

DONNEZ-LUI des
coups secs entre les
omoplates

☎ APPELEZ UN MÉDECIN OU
Ⓗ CONDUISEZ L'ENFANT À L'HÔPITAL

MORSURE D'ANIMAL
Morsure superficielle

NETTOYEZ la plaie
avec du savon
et de l'eau chaude

> **ASSUREZ-VOUS** *que l'enfant est vacciné contre le TÉTANOS (voir p. 50).*

1 Lavez bien la blessure à l'eau tiède et au savon. Rincez à l'eau courante pendant au moins cinq minutes pour retirer toute saleté.

2 Essuyez complètement en tapotant doucement la plaie avec un tampon propre. Recouvrez d'un pansement stérile ou de sparadrap.

SÉCHEZ la plaie et
couvrez-la d'un sparadrap

☎ APPELEZ UN MÉDECIN

Morsure profonde

LEVEZ le
membre atteint

COMPRESSEZ la plaie
pour arrêter le sang

RECOUVREZ
la plaie d'un
pansement et bandez

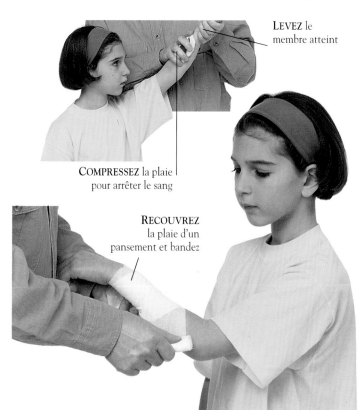

1 Appliquez une pression directe sur la plaie, de préférence avec un pansement ou un tampon propre. Levez le bras de l'enfant et tenez-le au-dessus du niveau du cœur.

> **SI** *l'enfant saigne beaucoup, voir HÉMORRAGIE p. 46. L'enfant devra peut-être être vacciné contre la rage.*

2 Recouvrez la blessure d'un tampon stérile et maintenez-le en place à l'aide d'un bandage.

H CONDUISEZ L'ENFANT À
   L'HÔPITAL

PIQÛRE D'INSECTE

GARDEZ immobile
le membre atteint

PRENEZ le
dard à la base

RETIREZ avec soin

1 Si le dard est resté dans la peau, retirez-le avec une pince à épiler. Attrapez le dard au ras de la peau et tirez doucement. Ne le prenez pas par le haut, vous risqueriez de presser le sac de poison qui se répandrait dans l'épiderme.

> **SI** *l'enfant s'évanouit, il peut être allergique au venin. Suivez le traitement pour* CHOC ANAPHYLACTIQUE, *page suivante.*

Piqûre dans la bouche

Pour réduire le gonflement, donnez à l'enfant un glaçon à sucer ou de l'eau froide.

☎ APPELEZ UN MÉDECIN

SI l'enfant a du mal à respirer,

☎ APPELEZ LE SAMU (Tél. : 15)

APPLIQUEZ une compresse
froide sur l'endroit atteint

2 Rafraîchissez la peau avec une COMPRESSE FROIDE (voir p. 84) pour réduire la douleur et le gonflement. Laissez la compresse en place pendant une dizaine de minutes, jusqu'à ce que la douleur se calme. Laissez le membre au repos.

PIQÛRE D'ORTIES

Pour calmer les démangeaisons, trempez du coton hydrophile dans une lotion calmante. Sinon, appliquez une COMPRESSE FROIDE (voir p. 84) sur l'éruption pendant dix minutes jusqu'à ce que la douleur se calme. Si la réaction est très étendue,

☎ APPELEZ UN MÉDECIN

CALMEZ l'éruption
en appliquant un peu de lotion calmante

CHOC ANAPHYLACTIQUE

C'est une réaction allergique grave qui peut survenir quelques minutes après l'injection d'un produit donné, une piqûre d'insecte ou d'animal marin, ou l'ingestion d'un aliment.
Il y a alors rétrécissement des voies respiratoires, et le gonflement de la face et du cou augmente le risque de suffocation.

Les symptômes du choc anaphylactique
• *Angoisse* • *Peau tachetée et rouge* • *Visage et cou enflés* • *Gonflement autour des yeux* • *Respiration sifflante, difficile* • *Pouls rapide*

☎ APPELEZ LE SAMU (Tél. : 15)

> **SI** *l'enfant perd connaissance, évaluez son état (voir BÉBÉ INCONSCIENT, p. 16 ; ENFANT INCONSCIENT, p. 22). S'il respire, mettez-le en POSITION LATÉRALE DE SÉCURITÉ. Préparez-vous à le réanimer.*

> **UN ENFANT** *souffrant d'allergie peut avoir un traitement à prendre en cas de crise. Administrez-le lui dès le début de la crise. Respectez bien la posologie.*

91

Placez l'enfant dans une position qui facilite sa respiration. Parlez-lui calmement pour le rassurer en attendant l'arrivée du SAMU.

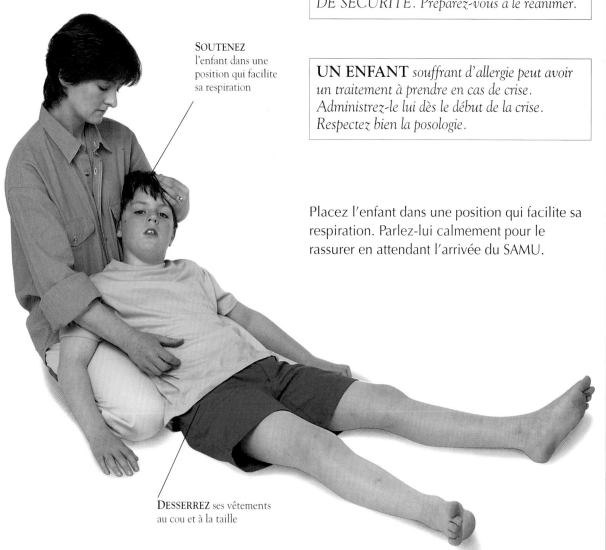

SOUTENEZ l'enfant dans une position qui facilite sa respiration

DESSERREZ ses vêtements au cou et à la taille

ANIMAUX MARINS

Piqûre de méduse

Le venin de la méduse se trouve dans des cellules urticantes qui sont collées à la peau de l'enfant. La piqûre est douloureuse, mais en général sans gravité. Une réaction similaire se produit avec les anémones de mer et les coraux.

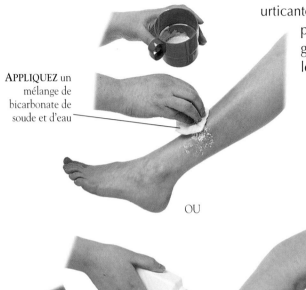

APPLIQUEZ un mélange de bicarbonate de soude et d'eau

OU

SAUPOUDREZ de talc la région atteinte

SI *l'enfant a une réaction allergique grave, voir* CHOC ANAPHYLACTIQUE, *p. 91.*
☎ APPELEZ LE SAMU (Tél. : 15)

Appliquez sur la peau un mélange de bicarbonate de soude et d'eau.

OU

Saupoudrez la peau d'une poudre sèche, du talc par exemple.

SI *la peau est très rouge et douloureuse,*
Ⓗ CONDUISEZ L'ENFANT À L'HÔPITAL

Piqûre de vive

Quand on marche dessus, les épines de la vive peuvent s'enfoncer dans la peau, provoquant un gonflement douloureux. Les épines peuvent se casser et rester dans le pied.
Plongez le pied pendant une demi-heure dans une eau aussi chaude que possible. Remettez de l'eau chaude au besoin, mais attention à ne pas ébouillanter l'enfant.

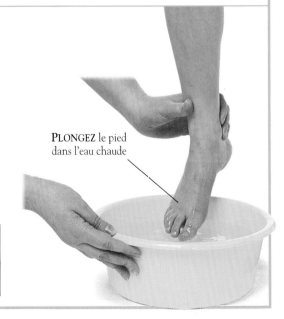

PLONGEZ le pied dans l'eau chaude

SI *des épines sont restées dans le pied ou si celui-ci gonfle,*
Ⓗ CONDUISEZ L'ENFANT À L'HÔPITAL

MORSURE DE SERPENT

Les symptômes d'une morsure de serpent • *Deux points de morsure*
• *Douleur vive, rougeur et gonflement autour de la morsure*
• *Vomissement* • *Vision altérée*
• *Difficultés respiratoires*
• *Transpiration et sécrétion salivaire accrues*

EN CAS de CHOC ANAPHYLACTIQUE, *voir p. 91.* **SI** *l'enfant perd connaissance, voir* BÉBÉ INCONSCIENT, *p. 16 ;* ENFANT INCONSCIENT, *p. 22. Préparez-vous à le réanimer. S'il respire, mettez-le en* POSITION LATÉRALE DE SÉCURITÉ.

1 Aidez l'enfant à s'asseoir ou à s'allonger en plaçant la plaie sous le niveau du cœur.

EMPÊCHEZ *l'enfant de marcher.* **NE FAITES PAS** *de garrot, n'entaillez pas la plaie et n'essayez pas de sucer le venin.* **UNE DESCRIPTION** *détaillée du serpent aidera les médecins à soigner le blessé.*

AIDEZ l'enfant à s'asseoir

LA PLAIE doit se trouver sous le niveau du cœur

2 Réconfortez-le; l'enfant doit rester tranquille pour empêcher le venin de se répandre dans le corps. Nettoyez la plaie à l'eau et au savon si possible.

93

RASSUREZ l'enfant pour qu'il reste tranquille

NETTOYEZ doucement la plaie à l'eau et au savon

PLACEZ une serviette pliée entre ses jambes

3 Immobilisez le membre à l'aide d'une serviette pliée, d'un bandage large aux genoux et d'un bandage étroit aux chevilles (voir p. 76).

☎ APPELEZ LE SAMU (Tél. : 15)

OU

Ⓗ CONDUISEZ L'ENFANT À L'HÔPITAL

NOUEZ un bandage large autour des genoux

NOUEZ un bandage étroit autour des chevilles

HYPOTHERMIE

Il y a hypothermie lorsque la température corporelle chute. Quand la température tombe à un niveau très bas, l'hypothermie peut être très dangereuse. Un enfant âgé peut avoir une hypothermie après une effort violent par temps froid ou après une chute dans une eau très froide. Pour les bébés, voir page suivante.

Les symptômes de l'hypothermie
- *Frissons* • *Peau froide, pâle et sèche*
- *Apathie ou confusion* • *Perte de conscience*
- *Respiration lente et superficielle* • *Pouls affaibli*

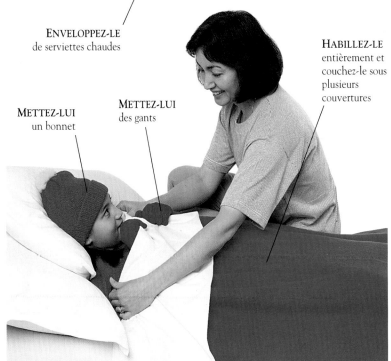

DONNEZ un bain chaud à l'enfant

ENVELOPPEZ-LE de serviettes chaudes

METTEZ-LUI un bonnet

METTEZ-LUI des gants

HABILLEZ-LE entièrement et couchez-le sous plusieurs couvertures

1 Donnez à l'enfant un bain chaud s'il est capable d'y entrer tout seul. Lorsque sa peau a retrouvé sa couleur normale, aidez-le à sortir, essuyez-le et enveloppez-le dans des serviettes chaudes ou des couvertures.

2 Habillez-le de vêtements chauds et mettez-le au lit en le recouvrant de plusieurs couvertures. Mettez-lui un bonnet et assurez-vous que la pièce est bien chauffée. Restez auprès de lui.

☎ APPELEZ UN MÉDECIN

NE PLACEZ PAS *une source de chaleur, comme une bouillotte, en contact direct avec la peau de l'enfant. Il doit se réchauffer progressivement.*

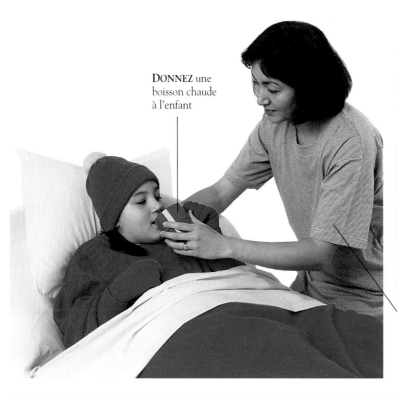

DONNEZ une
boisson chaude
à l'enfant

3 Donnez-lui une boisson chaude et
des aliments énergétiques comme
du chocolat. Ne le laissez pas seul
tant qu'il n'a pas retrouvé ses couleurs
et une température normale.

SI *l'enfant perd connaissance,*
évaluez son état (voir BÉBÉ
INCONSCIENT, p. 16;
ENFANT INCONSCIENT,
p. 22). *Préparez-vous à le réanimer.*
☎ APPELEZ LE
SAMU (Tél. :15)

RESTEZ auprès de lui jusqu'à
ce qu'il ait retrouvé ses couleurs
et une température normale

95

Hypothermie chez les bébés

ENVELOPPEZ
bien le bébé

Le système de régulation de la température n'est pas
complètement développé chez le bébé. Il peut donc
perdre sa chaleur rapidement s'il séjourne dans une
pièce froide. Un bébé en état d'hypothermie doit se
réchauffer progressivement.

Les symptômes de l'hypothermie chez le bébé
• *Peau normale et rosée, mais glacée* • *Le bébé est*
apathique et anormalement silencieux • *Il refuse de*
s'alimenter

☎ APPELEZ UN MÉDECIN

METTEZ-LUI
un bonnet

Réchauffez le bébé peu à peu.
Emportez-le dans une pièce
bien chauffée. Enveloppez-le
de couvertures. Mettez-lui un
bonnet et prenez-le contre
vous pour qu'il profite de la
chaleur de votre corps.
☎ APPELEZ LE
SAMU (Tél. : 15)

TENEZ-LE
contre vous

GELURES

RETIREZ doucement les vêtements des parties atteintes

Un enfant exposé à un très mauvais temps peut avoir les tissus des doigts et des orteils gelés. Mettez l'enfant à l'abri avant de le soigner.

Les symptômes de la gelure
- *Picotements douloureux*
- *Engourdissement* • *Peau dure et rigide au toucher, pâle et cireuse*

1 Conduisez l'enfant dans un endroit bien chauffé. Retirez-lui ses chaussures et ses chaussettes.

RETIREZ les gants de l'enfant avec précaution

2 Retirez-lui ses gants et éventuellement ses bagues. Défaites son manteau. Dites-lui de se réchauffer les mains sous les aisselles.

RÉCHAUFFEZ-LE avec sa propre chaleur en mettant ses mains sous ses aisselles.

3 Lorsque les pieds ou les orteils sont gelés, soulevez les pieds de l'enfant pour atténuer le gonflement et mettez-les sous vos aisselles pour les réchauffer.

RÉCHAUFFEZ-LUI les pieds avec votre propre chaleur

> **NE FROTTEZ PAS** *un membre gelé et n'appliquez pas de source de chaleur directe.*
> **NE PERCEZ JAMAIS** *les cloques.*

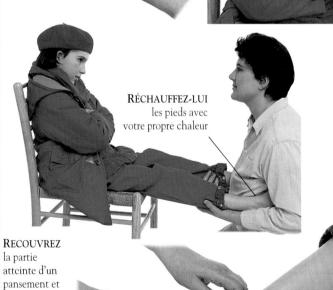

RECOUVREZ la partie atteinte d'un pansement et bandez si la couleur n'est pas redevenue normale

4 Si la peau est fendillée ou si elle ne retrouve pas sa couleur rapidement, mettez de la gaze et bandez sans serrer.

H CONDUISEZ L'ENFANT À L'HÔPITAL

96

ÉPUISEMENT DÛ À LA CHALEUR

Cet état, qui peut survenir par temps chaud et humide, est dû à la déshydratation. Les enfants qui souffrent de diarrhée et de nausée et ceux qui n'ont pas l'habitude de la chaleur sont les plus exposés.

Les symptômes de l'épuisement dû à la chaleur
• *Migraine et étourdissement* • *Nausée* • *Sueur*
• *Peau pâle et moite* • *Crampes* • *Pouls faiblissant rapidement.*

1 Conduisez l'enfant à l'ombre ou dans une pièce fraîche. Couchez-le.

ALLONGEZ l'enfant dans une pièce fraîche

POSEZ-LUI une serviette pliée ou un coussin sous la tête

2 Surélevez-lui les jambes sur des coussins. Cela facilite l'arrivée du sang au cerveau. Dites-lui de se reposer.

SURÉLEVEZ-LUI les jambes

3 Aidez-le à s'asseoir et faites-lui boire un maximum d'eau fraîche additionnée de sel (1 cuillerée à café par litre) ou du jus de fruit. Cela permet de remplacer le sel perdu par le corps.

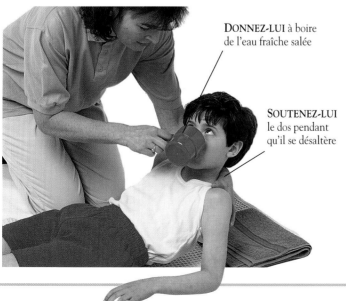

DONNEZ-LUI à boire de l'eau fraîche salée

SOUTENEZ-LUI le dos pendant qu'il se désaltère

SI *l'enfant perd connaissance, évaluez son état (voir BÉBÉ INCONSCIENT, p. 16 ; ENFANT INCONSCIENT, p. 22). Préparez-vous à le réanimer. S'il respire, mettez-le en POSITION LATÉRALE DE SÉCURITÉ.*
☎ APPELEZ LE SAMU (Tél. : 15)

97

COUP DE CHALEUR

En cas de chaleur excessive, un enfant peut succomber à un coup de chaleur.

Les symptômes du coup de chaleur • *Migraine soudaine* • *Confusion* • *Peau brûlante, écarlate, sèche* • *Détérioration rapide des capacités de réaction* • *Pouls fort, irrégulier* • *Température supérieure à 40 °C*

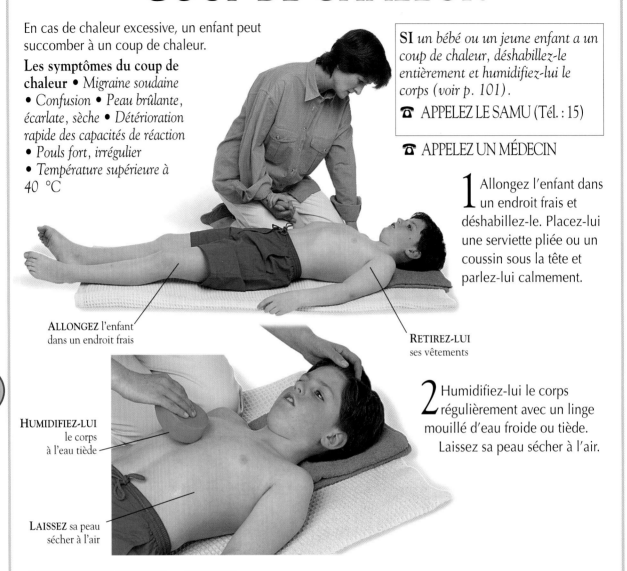

SI *un bébé ou un jeune enfant a un coup de chaleur, déshabillez-le entièrement et humidifiez-lui le corps (voir p. 101).*

☎ APPELEZ LE SAMU (Tél. : 15)

☎ APPELEZ UN MÉDECIN

1 Allongez l'enfant dans un endroit frais et déshabillez-le. Placez-lui une serviette pliée ou un coussin sous la tête et parlez-lui calmement.

ALLONGEZ l'enfant dans un endroit frais

RETIREZ-LUI ses vêtements

HUMIDIFIEZ-LUI le corps à l'eau tiède

2 Humidifiez-lui le corps régulièrement avec un linge mouillé d'eau froide ou tiède. Laissez sa peau sécher à l'air.

LAISSEZ sa peau sécher à l'air

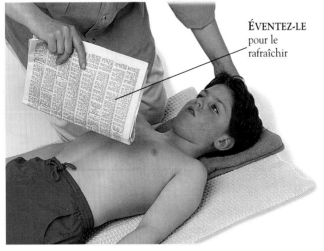

ÉVENTEZ-LE pour le rafraîchir

3 Éventez-le à la main ou avec un ventilateur électrique pour faire baisser sa température.

SI *l'enfant perd connaissance, évaluez son état (voir BÉBÉ INCONSCIENT, p. 16 ; ENFANT INCONSCIENT, p. 22). Préparez-vous à le réanimer. S'il respire, mettez-le en POSITION LATÉRALE DE SÉCURITÉ.*

☎ APPELEZ LE SAMU (Tél. : 15)

COUP DE SOLEIL

EMMENEZ
l'enfant à
l'ombre

DONNEZ-LUI de l'eau
froide à boire

La peau est rouge, sensible, et démange. Au soleil, les bébés et les jeunes enfants, qui ont la peau très fragile, doivent porter un chapeau et des vêtements ou une crème protectrice.

SI *des cloques apparaissent,*
☎ APPELEZ UN MÉDECIN

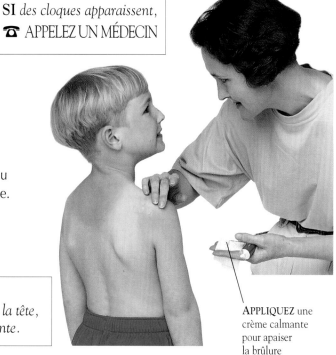

1 Conduisez l'enfant dans un endroit frais ou ombragé et donnez-lui une boisson fraîche.

2 Appliquez une crème spéciale après-soleil pour apaiser la brûlure.

SI l'enfant est agité, très rouge, a des étourdissements, de la température ou mal à la tête, voir COUP DE CHALEUR, page précédente.

APPLIQUEZ une
crème calmante
pour apaiser
la brûlure

99

IRRITATION DUE À LA CHALEUR

Les symptômes de l'irritation due à la chaleur
• *Rougeur et picotement, notamment dans les zones autour des glandes sudoripares sur la poitrine, le dos et sous les aisselles*

Faites asseoir l'enfant dans une pièce fraîche et déshabillez-le. Passez-lui de l'eau fraîche sur le corps. Séchez en tapotant, mais laissez la peau humide. Appliquez une crème calmante.

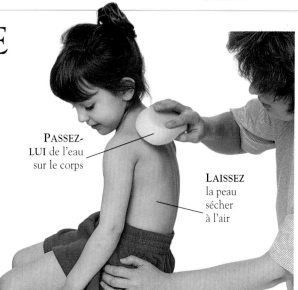

PASSEZ-LUI de l'eau
sur le corps

LAISSEZ
la peau
sécher
à l'air

SI un bébé présente une irritation de ce type, retirez-lui une partie de ses vêtements pour le rafraîchir ou donnez-lui un bain tiède. Essuyez-le doucement en laissant la peau légèrement humide.

SI l'irritation persiste au-delà de 12 heures ou si l'enfant a de la fièvre,
☎ APPELEZ UN MÉDECIN

FIÈVRE

Une température corporelle supérieure à 37 °C indique la fièvre. Celle-ci est généralement causée par une infection. Si l'enfant a un violent mal à la tête, il peut s'agir d'une méningite (voir page suivante). Une fièvre modérée est anodine, mais, au-dessus de 40 °C, elle peut être dangereuse, surtout chez les très jeunes enfants et les bébés.

Les symptômes de la fièvre
- *Température élevée*
- *Grande pâleur et sensation de froid avec chair de poule* • *Frissons avec claquements de dents*
Quand la fièvre évolue
  - *Peau brûlante, écarlate*
    - *Douleurs généralisées*
      - *Sueur*
        - *Migraine*

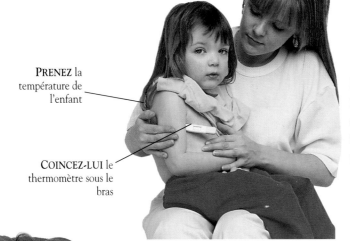

PRENEZ la température de l'enfant

COINCEZ-LUI le thermomètre sous le bras

1 Certains thermomètres se glissent sous le bras. Écartez le bras de l'enfant, glissez le thermomètre dessous, ramenez le bras contre le thorax et attendez le temps prescrit. Un thermomètre digital est d'un usage plus facile.

ALLONGEZ-LE dans son lit ou sur un divan

2 Installez l'enfant confortablement dans un lit ou sur un divan, mais ne le couvrez pas. Pour faire tomber la température, donnez-lui à boire beaucoup d'eau ou de jus de fruit dilué.

DONNEZ-LUI beaucoup à boire

3 Vous pouvez lui administrer la dose conseillée de sirop au paracétamol pour calmer la fièvre. Si l'enfant a très chaud, rafraîchissez-le (voir page suivante).

DONNEZ-LUI la dose indiquée de sirop au paracétamol

S'IL s'agit d'un nourrisson de moins de trois mois, le paracétamol n'est pas indiqué, sauf avis contraire du médecin.

Comment rafraîchir les bébés et les jeunes enfants

Chez les enfants de moins de quatre ans, il y a un risque de CONVULSIONS FÉBRILES (voir p. 32). Si l'enfant a plus de 40 °C,
☎ APPELEZ UN MÉDECIN

Pour un bébé
Retirez les vêtements du bébé, sauf sa couche, et rafraîchissez-le en lui passant de l'eau tiède sur le corps. Faites en sorte qu'il reste calme.

Pour un jeune enfant
Déshabillez l'enfant et rafraîchissez-le à l'eau tiède. Poursuivez l'opération pendant une demi-heure. Prenez de nouveau sa température.

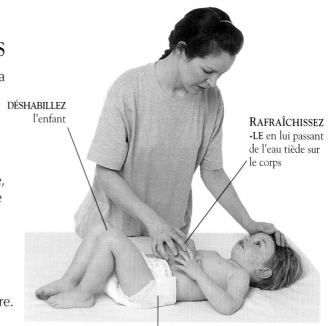

DÉSHABILLEZ l'enfant

RAFRAÎCHISSEZ -LE en lui passant de l'eau tiède sur le corps

LAISSEZ sa peau sécher à l'air

LA FIÈVRE *peut aussi être causée par une trop longue exposition au soleil, voir* COUP DE CHALEUR, *p. 98.*

101

RAFRAÎCHISSEZ l'enfant à l'eau tiède

LAISSEZ sa peau sécher à l'air

Méningite

L'ENFANT est susceptible de chercher à se protéger les yeux de la lumière

La méningite est une inflammation des tissus qui entourent le cerveau. C'est une maladie grave, qui exige des soins immédiats.

Les symptômes de la méningite • *Fièvre* • *Apathie* • *Vomissements* • *Manque d'appétit* • *Migraine ou, chez les bébés, fontanelle légèrement tendue* • *Yeux sensibles à la lumière* • *Douleur et raideur de la nuque* • *Convulsions* • *Éruption de taches rouges ou violettes* • *Aggravation de l'état d'un enfant ayant eu récemment une infection*

Installez l'enfant confortablement sur des coussins ou des oreillers.
☎ APPELEZ UN MÉDECIN D'URGENCE

VOMISSEMENTS

TENEZ une
cuvette sous la
tête de l'enfant

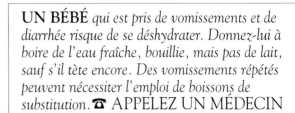

UN BÉBÉ qui est pris de vomissements et de diarrhée risque de se déshydrater. Donnez-lui à boire de l'eau fraîche, bouillie, mais pas de lait, sauf s'il tète encore. Des vomissements répétés peuvent nécessiter l'emploi de boissons de substitution. ☎ APPELEZ UN MÉDECIN

1 Penchez l'enfant au-dessus d'une cuvette et soutenez-le pendant qu'il vomit. Rassurez-le.

2 Quand il a fini de vomir, passez-lui un gant trempé dans de l'eau tiède sur le visage et autour de la bouche.

ESSUYEZ-
LUI
doucement
le visage

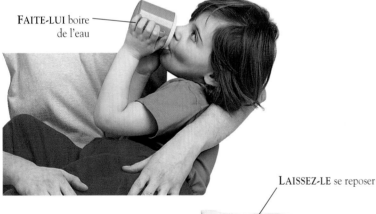

FAITE-LUI boire
de l'eau

3 Donnez-lui à boire de l'eau pour reconstituer ses réserves et chasser le mauvais goût dans la bouche. Il doit boire à petites gorgées.

LAISSEZ-LE se reposer

4 Laissez-le se reposer, au lit s'il préfère. Placez-lui une cuvette et un verre d'eau fraîche à portée de la main.

PRÉPAREZ-LUI
de l'eau fraîche

LAISSEZ une
cuvette à sa portée

MAL AU VENTRE

ADOSSEZ l'enfant contre des coussins ou des oreillers

1 Installez confortablement l'enfant sur un canapé ou un lit. S'il a du mal à respirer, redressez-le sur des coussins ou des oreillers. Comme il risque de vomir, mettez une cuvette à côté de lui.

> **SI** *la douleur est vive ou persiste au bout d'une demi-heure,*
> ☎ APPELEZ UN MÉDECIN

2 La chaleur peut le soulager. Remplissez une bouillotte – enveloppée d'un tissu – et dites à l'enfant de la tenir contre son ventre. Évitez de lui donner à manger.

DONNEZ-LUI une cuvette s'il a envie de vomir

METTEZ-LUI une bouillotte enveloppée d'un tissu sur le ventre

103

Appendicite

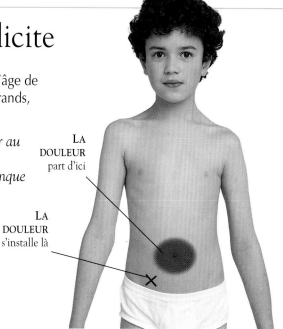

L'inflammation de l'appendice survient rarement avant l'âge de deux ans, mais peut se produire chez des enfants plus grands, surtout à l'adolescence.

Les symptômes de l'appendicite. • *Ondes de douleur au milieu de l'abdomen* • *Douleur aiguë située en bas de l'abdomen, à droite* • *Température qui augmente* • *Manque d'appétit* • *Nausée* • *Vomissements* • *Diarrhée*

LA DOULEUR part d'ici

LA DOULEUR s'installe là

> **L'APPENDICITE** *exige des soins urgents.*
> *Allongez l'enfant sur un lit ou un canapé.*
> *Ne lui donnez ni à manger ni à boire.*
> ☎ APPELEZ UN MÉDECIN

DOULEUR À L'OREILLE

DONNEZ à l'enfant la dose de paracétamol indiquée

1 Installez l'enfant confortablement. S'il a plus mal allongé sur le dos, adossez-le contre des coussins ou des oreillers. Donnez-lui la dose de sirop au paracétamol prescrite.

ADOSSEZ-LE à des coussins

2 La chaleur peut calmer la douleur. Préparez une bouillotte enveloppée d'un tissu et dites à l'enfant de se coucher, l'oreille douloureuse dessus.

DONNEZ à l'enfant une bouillotte enveloppée d'un tissu pour y reposer l'oreille atteinte

SI *la douleur ne se calme pas, ou s'il y a écoulement avec fièvre et perte de l'audition,*
☎ APPELEZ UN MÉDECIN

Douleur à l'oreille due à un changement de pression

Cela peut se produire lors d'un voyage en avion, notamment au décollage et à l'atterrissage, ou lors de la traversée d'un tunnel. Pour se déboucher les oreilles, l'enfant doit fermer la bouche, se pincer les narines et souffler par le nez. Il peut également sucer un bonbon.

DITES à l'enfant de se pincer le nez, de fermer la bouche et de faire semblant de se moucher.

RAGE DE DENTS

DONNEZ à l'enfant la dose prescrite de sirop au paracétamol

DONNEZ-LUI une bouillotte enveloppée d'un tissu pour y reposer la joue

INSTALLEZ-LE confortablement

1 Prenez rendez-vous au plus vite chez le dentiste. Entre-temps, donnez à l'enfant la dose prescrite de sirop au paracétamol pour calmer la douleur.

2 S'il n'a pas moins mal en s'allongeant, adossez-le contre des coussins. Une bouillotte enveloppée d'un tissu posée sur la joue peut le soulager.

> SI *la mâchoire est enflée et la douleur vive,*
> ☎ APPELEZ UN MÉDECIN

105

CRAMPE

ALLONGEZ la jambe de l'enfant

ÉTIREZ le pied vers le haut et vers l'avant

SOUTENEZ le pied d'une main

MASSEZ les muscles douloureux

La crampe est un spasme musculaire douloureux qui touche souvent les muscles du pied et du mollet. On peut atténuer la douleur en massant les muscles atteints.

1 Asseyez l'enfant, soulevez-lui la jambe et étirez-la. Étirez les orteils vers le haut pour tendre le pied.

2 Massez le muscle, doucement mais fermement, du bout des doigts jusqu'à ce que la crampe soit passée.

TROUSSE DE PREMIERS SECOURS

Trousse de premiers secours complète
1 petite bande Velpeau
1 grande bande Velpeau
1 bande roulée large
1 bande avec fixation
2 compresses pour œil avec bandages
Ciseaux
Crème ou lotion antiseptique
1 paquet de tampons de gaze
2 bandages en triangle
Sparadrap anallergique
2 pansements stériles
Pansements adhésifs
Bandage à doigt et son applicateur
Pince à épiler
1 pansement stérile avec bandage
1 thermomètre

Ayez toujours, dans la voiture et chez vous, une trousse de premiers secours. On les trouve toutes faites en pharmacie. Vous pourrez y ajouter des pansements et des bandes supplémentaires, ainsi que des gants jetables. Veillez à ce qu'elle reste toujours accessible et facile à reconnaître, et vérifiez régulièrement son contenu. N'y laissez pas de médicaments; ceux-ci doivent être rangés séparément dans l'armoire à pharmacie. Une trousse bien équipée doit contenir les articles indiqués ci-dessous.

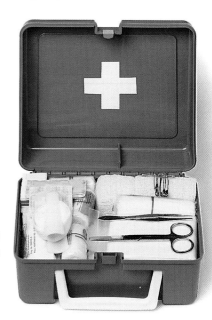

Ciseaux

Pince à épiler

Pansements
On utilise des pansements adhésifs pour les blessures mineures. Ayez-en un choix de formes et de formats différents, ainsi que des pansements stériles plus larges pour des plaies plus graves.

Tampon de gaze

Crème ou lotion antiseptique

Pansements adhésifs

Compresse pour œil avec bandage

Tampon stérile non adhésif

Pansement stérile avec bandage

Bandages

Ayez des bandes de formats et de types différents pour pouvoir fixer un pansement et soutenir une articulation blessée. Certaines bandes s'adaptent aux contours du corps et sont d'un usage facile. Les bandages triangulaires peuvent être utilisés pour faire des écharpes et des bandages larges ou étroits.

Sparadrap anallergique pour fixer un pansement

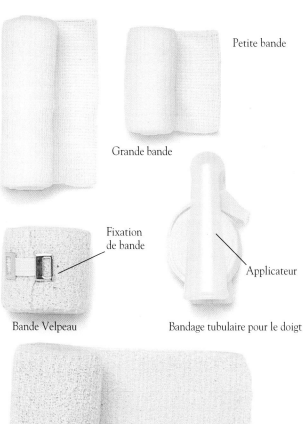

Petite bande

Grande bande

Fixation de bande

Applicateur

Bande Velpeau

Bandage tubulaire pour le doigt

Bande roulée large

Épingles de sûreté

Bandage en triangle

Autres articles utiles

Divers articles présents dans une maison sont précieux en cas d'urgence. Si vous n'avez pas exactement les mêmes, il est toujours possible d'improviser. Conservez les objets suivants à portée de main.

Gant de toilette

Un gant trempé dans l'eau peut être utilisé pour faire une compresse froide ou servir à rafraîchir le corps d'un enfant fiévreux.

Drap et taie d'oreiller

Un drap ou une taie propre constitue une excellente protection en cas de brûlure.

Film alimentaire

Le film alimentaire peut servir à panser une brûlure.

Sacs en plastique

Un sac en plastique propre, fixé avec un bandage ou du sparadrap, peut servir à envelopper un pied ou une main brûlés.

PANSEMENTS

Pansement adhésif

Panser une plaie permet d'éviter l'infection et d'aider à la cicatrisation. Les pansements doivent être non fibreux et assez grands pour recouvrir largement la plaie et son pourtour. Lavez-vous toujours les mains avant de poser un pansement et mettez des gants jetables si vous en avez. Si le sang traverse le pansement, posez-en un autre par-dessus. Veillez à ne pas trop serrer le bandage (voir page suivante).

Retirez l'emballage et, en tenant le pansement sur la plaie, retirez les bandes protectrices. Appuyez sur les extrémités pour les faire adhérer.

Tampon stérile

APPLIQUEZ la face non collante sur la plaie

BANDEZ le pansement

FIXEZ l'extrémité de la bande avec du sparadrap

1 Appliquez la surface brillante directement sur la plaie.

2 Fixez le tampon avec un bandage en tournant autour du membre de bas en haut.

3 Fixez l'extrémité de la bande avec du sparadrap anallergique.

Bande avec pansement stérile

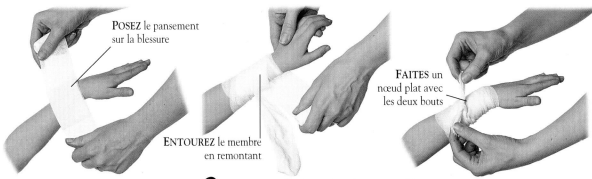

POSEZ le pansement sur la blessure

ENTOUREZ le membre en remontant

FAITES un nœud plat avec les deux bouts

1 Tenez le bandage sans toucher au pansement et posez celui-ci sur la plaie.

2 Laissez pendre l'extrémité courte, tournez autour du membre avec l'autre jusqu'à ce que le pansement soit recouvert.

3 Nouez les deux extrémités du bandage par un NŒUD PLAT (voir p. 76) sur le pansement.

BANDAGES

Utilisez un bandage pour fixer des pansements, arrêter le sang ou soutenir un membre blessé. Les bandes Velpeau peuvent servir pour n'importe quelle partie du corps. Les bandes normalisées sont surtout utiles pour bander des articulations ou la tête, car elles adoptent la forme du corps.

> **NE SERREZ PAS** *trop la bande, cela risquerait de gêner la circulation du sang. Pour le vérifier, pressez un ongle de l'enfant ou un bout de peau, puis relâchez. S'il ne retrouve pas immédiatement sa couleur, desserrez le bandage.*

Bande roulée

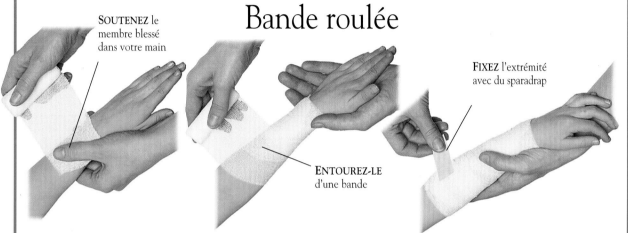

SOUTENEZ le membre blessé dans votre main

ENTOUREZ-LE d'une bande

FIXEZ l'extrémité avec du sparadrap

1 Appliquez l'extrémité de la bande sur le bras, en dessous de la blessure, et tenez le rouleau dans l'autre main.

2 Tout en soutenant le membre, faites tourner la bande autour du bras en remontant vers le haut.

3 Finissez par deux tours droits et fixez l'extrémité avec du sparadrap. Vérifiez la circulation du sang de l'enfant (voir ci-dessus).

109

Bandage de la main

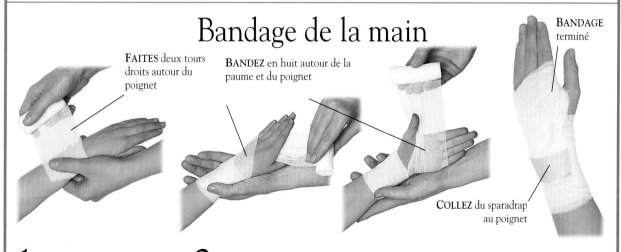

FAITES deux tours droits autour du poignet

BANDEZ en huit autour de la paume et du poignet

BANDAGE terminé

COLLEZ du sparadrap au poignet

1 Soutenez le membre blessé, posez l'extrémité de la bande sur le poignet et faites deux tours droits.

2 Faites passer la bande sur le dessus de la main, tournez à la base de l'auriculaire, continuez sous la paume et remontez entre le pouce et l'index, puis passez de nouveau la bande en travers de la main jusqu'au poignet. Recommencez l'opération jusqu'à ce que la main soit entièrement couverte.

BANDAGES TRIANGULAIRES

On ne les vend que stérilisés, mais on peut en faire avec un tissu solide plié au milieu en diagonale. Un bandage triangulaire est nécessaire pour les BANDAGES LARGES et les BANDAGES ÉTROITS (voir p. 76) ou pour confectionner une écharpe. Celle-ci peut soutenir un bras ou un poignet blessé, ou soulager une épaule endommagée. Une écharpe de surélévation est nécessaire pour une blessure au bras ou en haut du corps, quand il faut arrêter le sang, la douleur ou le gonflement (pour NŒUD PLAT, voir p. 76).

Écharpe

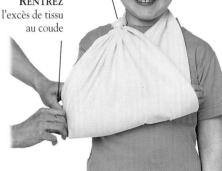

PLACEZ le grand côté du triangle du côté intact

FAITES un nœud plat sur l'épaule

RAMENEZ la partie inférieure sur l'avant-bras

LE NŒUD PLAT ne doit pas gêner

RENTREZ l'excès de tissu au coude

MAINTENEZ le bras

1 Placez le bandage entre le bras et le thorax et laissez pendre un bout passant derrière la nuque du côté atteint.

2 Passez l'autre extrémité par-dessus l'avant-bras et faites un NŒUD PLAT (voir p. 76) avec les deux bouts juste sous l'épaule.

3 Rentrez l'excès de tissu dans le coin près du coude et fixez avec une épingle.

Écharpes improvisées

Si l'enfant se blesse à l'épaule, au bras ou à la main à l'extérieur de la maison, vous pouvez improviser une écharpe de soutien en attendant de pouvoir lui donner d'autres soins.

ÉPINGLEZ la manche sur le blouson

GLISSEZ le bras blessé dans l'ouverture

Défaites un bouton de son blouson et glissez la main du bras blessé dans la fente.

Sinon, épinglez de l'autre côté de la poitrine la manche du bras blessé.

110

ÉCHARPE DE SURÉLÉVATION

POSEZ le bout les doigts de l'enfant sur l'épaule du côté intact

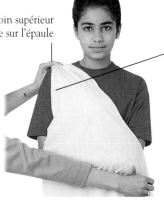

TENEZ le coin supérieur de l'écharpe sur l'épaule

LE CÔTÉ le plus long traverse le thorax en diagonale

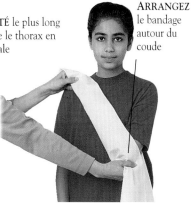

ARRANGEZ le bandage autour du coude

1 Croisez sur la poitrine le bras du côté blessé. Dites à l'enfant de se tenir le coude.

2 Placez le bandage sur le bras, le côté le plus long pendant du côté non atteint. Tenez le coin supérieur sur l'épaule.

3 Repliez le côté le plus long sous le bras blessé.

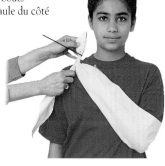

NOUEZ les bouts devant l'épaule du côté non blessé

4 Ramenez l'autre bout en diagonale dans le dos, en soutenant bien le coude. Faites un NŒUD PLAT (p. 76) juste sous l'épaule et rentrez le tissu.

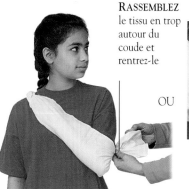

RASSEMBLEZ le tissu en trop autour du coude et rentrez-le

OU

ÉPINGLEZ le tissu en trop sur le devant de l'écharpe

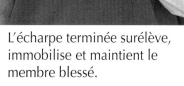

5 Tordez le reste du tissu au niveau du coude et rentrez-le. Épinglez-le.

L'écharpe terminée surélève, immobilise et maintient le membre blessé.

LA SÉCURITÉ À LA MAISON

La plupart des accidents surviennent à la maison et plus de la moitié touchent des enfants de moins de cinq ans. Beaucoup d'accidents peuvent être évités en suivant ces quelques règles :

• Changez la disposition des objets et du mobilier.• Vérifiez que les fenêtres sont fermées ou inaccessibles. • Ne mettez jamais un produit dangereux, comme de l'eau de Javel, dans une bouteille qui contient habituellement une boisson anodine. • Ne dites jamais à un enfant que les médicaments sont comme des bonbons. • En visite chez des amis ou des parents, assurez-vous que leur domicile ne comporte pas de sources éventuelles d'accident et demandez à déplacer les objets pointus ou fragiles.

• Enseignez à votre enfant les règles de sécurité élémentaires.

ÉLECTRICITÉ

Pour qu'un enfant ne s'électrocute pas (voir p. 12) :

• Recouvrez les prises : cachez-les derrière des meubles lourds ou mettez-y des prises en plastique.
• Ne branchez qu'une ou deux fiches dans chaque prise : une surcharge peut déclencher un incendie.
• Respectez les consignes de sécurité lors de l'installation et prenez le fusible approprié.
• Vérifiez que les vieux câbles ne sont pas usés ou dénudés : un enfant peut chercher à mordiller les câbles qui pendent.
• Rangez les câbles qui traînent.
• Débranchez les appareils pour la nuit, surtout la télévision.
• Installez des prises de terre.

APPRENEZ à votre enfant à se rendre compte des risques

GAZ

Repérez le robinet d'arrivée du gaz en cas de fuite. Si vous sentez une odeur de gaz :

• Ne touchez pas aux interrupteurs, n'allumez pas, n'éteignez pas. Une étincelle pourrait provoquer une explosion.
• N'allumez ni allumette ni cigarette.
• Coupez le gaz.
• Ouvrez les fenêtres.
• Appelez les pompiers.

INCENDIE

En cas d'incendie, la fumée peut vous paralyser en quelques minutes.

Installez un détecteur de fumée par étage
Si votre maison n'a qu'un étage, mettez-le entre le salon et les chambres. Si elle comporte deux niveaux ou plus, placez-en un au pied des escaliers et un autre en haut, à l'entrée des chambres.

Prévoyez un plan d'évacuation (voir p. 11). Chaque membre de la famille doit savoir que faire en cas d'incendie.

Faites des exercices d'incendie avec vos enfants
• Criez « au feu ! » • Déclenchez le détecteur de fumée • Chacun doit se jeter à terre et ramper vers la sortie • Fermez la porte derrière vous • Ne retournez pas en arrière pour aller chercher des animaux de compagnie ou des objets qui vous sont chers.

GARDEZ *les numéros utiles auprès du téléphone et vérifiez que la baby-sitter sait où ils sont.*

ENTRÉE ET ESCALIER

Les enfants ne doivent pas jouer dans l'escalier (voir ci-dessous).

- Veillez à ce qu'aucun objet sur lequel vous pourriez glisser ne traîne.
- Installez une lampe dans l'entrée ou sur le palier au cas où un enfant se lèverait la nuit.

Utilisez une ampoule de faible tension et ne mettez pas de tissu sur une lampe : il pourrait prendre feu.

- Ne laissez pas un enfant jouer dans les escaliers d'un immeuble, car il peut y avoir beaucoup d'espace entre les rampes.

PORTE D'ENTRÉE

- Ne laissez pas la porte d'entrée ouverte.
- Ne laissez pas un enfant ouvrir la porte quand on sonne.
- Mettez le loquet hors d'atteinte des jeunes enfants. Si votre tout-petit peut l'atteindre, installez un verrou de sécurité plus haut et fermez-le systématiquement.
- Recouvrez les portes vitrées d'un film de plastique adhésif. Cela empêche le verre d'éclater s'il est cassé. Mieux encore, remplacez-le par du verre de sécurité ou du verre feuilleté.
- Appliquez des autocollants sur le verre pour le rendre plus visible pour les enfants.

SOL

Carrelé, ciré ou couvert d'un tapis de coco, le sol peut être très glissant pour un enfant qui apprend à marcher ou qui court.

- Mettez une toile antidérapante sous les tapis.
- Évitez les jouets et le désordre dans l'entrée.
- Vérifiez régulièrement si la moquette n'a pas de trous ou de plis où le pied d'un tout-petit pourrait se prendre.

ESCALIERS

Un enfant de moins de trois ans n'est pas suffisamment bien coordonné pour descendre sans risque les escaliers.

- Installez une barrière en haut et en bas des marches. Les montants ne doivent pas être espacés de plus de 10 cm. Un jeune enfant peut se faufiler dans un espace de 10 cm et tomber, ou se coincer la tête. Ouvrez toujours la barrière pour emprunter l'escalier. Ne passez pas par-dessus : l'enfant apprendra à faire comme vous.
- Vérifiez la sécurité de la rampe. Elle doit être stable, avec des montants bien fermes. Ceux-ci ne doivent pas être espacés de plus de 10 cm. Ne laissez pas l'enfant grimper sur la rampe.
- Vérifiez la moquette de l'escalier. L'usure ou des plis peuvent présenter des risques.

113

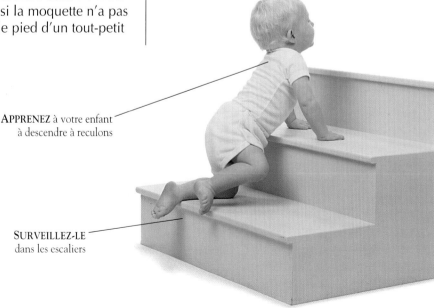

APPRENEZ à votre enfant
à descendre à reculons

SURVEILLEZ-LE
dans les escaliers

CUISINE

C'est peut-être à la cuisine que l'on s'active le plus ; vous y passez beaucoup de temps avec vos enfants. L'agitation qui y règne lors de la préparation des repas peut en faire un lieu particulièrement dangereux.

PORTE

- Recouvrez la vitre d'un film adhésif de sécurité pour qu'elle ne se brise pas en éclats si un tout-petit se jette dessus.
- Appliquez des autocollants de couleur sur la vitre pour la rendre plus visible.

SOL

- Ne laissez pas l'enfant jouer par terre entre vous et la surface de travail, il pourrait vous faire trébucher.
- Évitez les chutes en essuyant immédiatement les taches qui rendraient le sol glissant.
- Retirez l'assiette du chien ou du chat après usage et gardez cette partie du sol d'une propreté méticuleuse.
- Ayez une boîte pour y ranger les jouets.

POUBELLE

- Empêchez les tout-petits de fouiller dans la poubelle.
- Jetez les boîtes de conserve coupantes et le verre brisé directement dans le vide-ordures ou la poubelle extérieure.
- Rangez la poubelle dans un placard avec une fermeture de sécurité.

> **AYEZ** *une couverture ininflammable dans la cuisine pour étouffer les flammes. Si vous voulez acheter un extincteur, consultez les pompiers de votre secteur pour choisir le plus approprié. Pour en savoir plus sur l'incendie, voir pp. 11 et 12.*

Bébés

VÉRIFIEZ la solidité de la fixation des plateaux amovibles

ATTACHEZ le harnais de sécurité des deux côtés de la chaise

BIBERONS ET PETITS POTS

- Stérilisez la vaisselle de votre bébé.
- Ne laissez pas un plat cuisiné à la température de la pièce et ne conservez pas les restes d'un précédent repas. Des aliments réchauffés sont un terrain de culture pour les bactéries et risquent d'indisposer l'enfant.

CHAISE HAUTE

- Attachez toujours le harnais de sécurité.
- Vérifiez que l'enfant assis sur sa chaise ne peut rien attraper et tirer à lui. Occupez-le avec un jouet inoffensif.
- Ne le laissez jamais sans surveillance.

JEU

- Disposez d'un endroit sûr ou d'un parc où le bébé puisse vous voir pendant qu'il joue.
- Il doit rester hors d'atteinte d'une éventuelle casserole renversée.

CHOISISSEZ une chaise stable avec des pieds bien écartés

TABLES ET SURFACES DE TRAVAIL

- Assurez-vous que votre enfant ne peut rien attraper et placez bien à l'écart les objets lourds, fragiles ou pointus.
- Écartez chaises et tabourets des tables et des surfaces de travail pour que l'enfant ne puisse pas grimper dessus.
- Mettez hors de sa portée les câbles des bouilloires, grille-pain, mixeurs et fers à repasser. Prenez si possible une bouilloire avec un câble en spirale. L'eau bouillante et la vapeur présentent un danger, mais, de plus, l'eau reste assez chaude pendant le quart d'heure suivant l'ébullition pour brûler l'enfant.
- Débranchez les appareils quand ils ne sont pas en service.
- Ne mettez pas de nappe sur la table. Il est tentant pour un bébé ou un jeune enfant de se mettre debout en tirant dessus et de tout renverser sur sa tête. Préférez les sets de table ou fixez la nappe avec des pinces.

BUFFETS ET TIROIRS

- Placez des fermetures de sécurité sur les buffets et les tiroirs, surtout ceux qui contiennent : couteaux, ciseaux et couverts; grandes casseroles, poêles ou porcelaine; aliments secs, tels que lentilles et pâtes, avec lesquels l'enfant pourrait s'étouffer; alcool et bouteilles; médicaments, y compris les vitamines; produits ménagers, tels que la lessive et l'eau de Javel, y compris ceux possédant une fermeture avec blocage de sécurité.

RÉFRIGÉRATEUR

Une intoxication alimentaire peut être due à une mauvaise conservation des aliments. Prenez des précautions pour limiter les risques :

- Conservez la viande cuite sur une autre étagère que la viande crue. Enveloppez la viande crue de film alimentaire.
- Ne conservez pas des aliments dans des boîtes de conserve entamées. Transvasez les restes dans un récipient propre et mettez au réfrigérateur.
- Vérifiez régulièrement les dates de péremption de vos achats.

CUISINIÈRE

Votre enfant risque d'être brûlé ou ébouillanté par l'eau ou la graisse chaude lorsque vous cuisinez.

- Vous pouvez mettre des grilles de sécurité, mais n'oubliez pas que l'enfant peut y glisser les doigts et se brûler avec les plaques ou les brûleurs. • Empêchez l'enfant de jouer avec la porte du four : elle devient brûlante quand il fonctionne et reste chaude un certain temps. Le bébé qui marche à quatre pattes ou commence à se tenir debout court le plus de risques. Essayez d'apprendre à votre enfant ce que « chaud » veut dire afin qu'il comprenne un avertissement éventuel. • Conservez les allumettes hors de sa portée dans un placard avec fermeture de sécurité.

NE LAISSEZ PAS dépasser les queues des casseroles

METTEZ des fermetures de sécurité sur toutes les portes des placards et sur les tiroirs

UTILISEZ de préférence les feux les plus éloignés du bord de la cuisinière

LAVE-LINGE ET SÈCHE-LINGE

- Empêchez l'enfant de poser ses mains sur le hublot. Il peut devenir très chaud quand la machine marche.
- Fermez bien le hublot lorsque la machine est à l'arrêt. Votre enfant pourrait essayer de rentrer à l'intérieur ou le remplir de jouets.

SALON

Disposez cette pièce de manière que jeunes enfants et bibelots précieux cohabitent en harmonie. Si vous avez un balcon, bouchez les vides dans la balustrade avec du carton et

vérifiez qu'un enfant ne peut pas l'escalader. Ne laissez pas de jouets sur un meuble élevé, il tenterait de les attraper.

PLACEZ tout appareil électrique contre un mur pour que l'enfant ne puisse pas se faufiler derrière

TAPIS ET RIDEAUX
- Vérifiez que les tapis ou les moquettes n'ont pas de trous ou de bords retroussés : un enfant ou un adulte pourrait trébucher dessus.
- Enroulez et rangez hors de portée les embrasses de rideaux et les cordons de stores. Un enfant pris dans une corde pendante peut s'étrangler.

CHEMINÉES ET CHAUFFAGES
- Ne laissez pas d'allumettes ou de briquet à la portée d'un enfant.
- Protégez le foyer d'une cheminée avec un pare-feu que vous fixerez au mur pour empêcher l'enfant de le faire tomber. Placez une protection sur un chauffage au gaz.
- Ne vous servez pas du pare-feu pour faire sécher du linge ou accrocher un vêtement.
- Ajoutez un deuxième pare-feu de grandes dimensions devant la cheminée comme précaution supplémentaire.

TÉLÉVISIONS, MAGNÉTOSCOPES ET MATÉRIEL HI-FI
- Fixez les câbles aux plinthes.
- Faites passer les rallonges derrière les meubles pour que l'enfant ne tire pas dessus.
- Recouvrez les prises non utilisées de protections en platique.
- Vérifiez que les vieux câbles ne sont pas dénudés.

DESSUS DE TABLE ET AUTRES SURFACES PLANES
- Placez les plantes hors de portée des jeunes enfants. Certaines sont toxiques, d'autres piquent ou peuvent provoquer une réaction allergique de contact.
- Ne posez pas d'objets lourds ou fragiles sur les tables basses et, sur les rebords de fenêtre ou les dessus de cheminée, placez-les à une certaine distance du bord.
- Ne laissez pas de boissons chaudes, d'alcool, de verres, de cigarettes, d'allumettes ou de briquets sur des meubles bas où l'enfant pourrait les prendre.
- Gardez l'alcool dans un placard fermé à clé.
- Ne laissez jamais une cigarette allumée sur l'accoudoir d'un fauteuil ou d'une banquette. La mousse des vieux meubles peut dégager en brûlant des gaz mortels dès qu'elle a pris feu.

CHOISISSEZ des banquettes et des fauteuils avec tissu et garnissage ignifugés

116

JOUETS ET JEUX

Suivez ces conseils lorsque vous achetez des jouets ou des jeux :

- Prenez des jouets portant les labels de sécurité appropriés et achetez-les dans un magasin réputé.
- Choisissez des jouets sans bords coupants et évitez ceux en plastique fin et rigide.
- Prenez des peintures et des crayons de couleur non toxiques.
- N'achetez pas de jouets d'occasion qui pourraient contenir de la peinture au plomb.
- Ne donnez pas aux tout-petits des jouets qui ne sont pas conçus pour eux ; conformez-vous aux indications portées sur l'emballage.

VÉRIFIEZ que les jeux de construction ne possèdent pas de petites pièces que l'enfant pourrait mordiller et avaler

DONNEZ-LUI des peintures et des crayons de couleur non toxiques

SURVEILLEZ LES JOUETS

- Vérifiez-les régulièrement et jetez ceux qui sont cassés.
- Ne mélangez pas les piles ; changez-les toutes ensemble, sinon les neuves vont faire chauffer les vieilles.
- Rangez les jouets dans un coffre. Laissés sur le sol, ils sont source de chutes et d'accidents.

117

Bébés et bambins

- Retirez les rubans des jouets en tissu ou en peluche. • Vérifiez que les yeux, le nez, les oreilles ou les sonnettes des poupées ou des jouets en tissu ou en peluche sont bien fixés.
- Attachez les jouets de berceau avec une ficelle très solide.
- Retirez les jouets encombrants, genre « tableau de bord », du berceau dès que l'enfant se tient debout, car il pourrait grimper dessus pour essayer de sortir.
- Ne laissez pas votre bébé mâchouiller des peluches : les poils peuvent étouffer un enfant de moins de un an.
- Ne donnez jamais à un enfant un jouet qui n'est pas recommandé pour son âge, car il peut contenir des petits éléments qu'il risquerait d'avaler.
- Surveillez toujours un tout-petit quand il joue.

ASSUREZ-VOUS de la stabilité des jouets

CHAMBRE À COUCHER

Les placards et les tiroirs d'une chambre sont fascinants pour les tout-petits. Assurez-vous que les objets dangereux sont hors de portée car vous ne savez pas quand votre enfant décidera de partir seul en exploration.

Bébés

LIT D'ENFANT

- Le lit doit être suffisamment profond pour que le bébé ne puisse pas en sortir : il doit y avoir au moins 50 cm entre le matelas et le haut du lit.
- L'espacement entre les barreaux doit être de 2,5 cm à 6 cm pour que l'enfant n'y passe pas la tête.

- Le matelas doit être de la même taille que le lit, avec 3 cm d'espace sur le pourtour au maximum, sinon le bébé risque de se coincer la tête entre le matelas et le montant du lit.
- Ne mettez pas d'oreiller pour un enfant de moins d'un an, il peut s'étouffer avec. Si vous devez le redresser, placez l'oreiller sous le matelas.
- Jusqu'à l'âge de un an, utilisez un drap et des couvertures plutôt qu'une couette. Le bébé peut avoir trop chaud et, en s'agitant, s'étouffer avec la couette.
- Couchez toujours le bébé sur le dos ou le côté (jamais sur le ventre) pour limiter les risques de mort du nourrisson.
- Retirez le tour de lit dès qu'il peut s'asseoir, il pourrait grimper dessus.
- Dès qu'il commence à vouloir sortir de son berceau, donnez-lui un vrai lit. Vous pouvez y mettre une barrière au début, le temps qu'il s'y habitue.

ASSUREZ-VOUS que l'enfant ne pourra pas ouvrir lui-même les fixations du côté mobile

LES LIENS du tour de lit doivent être très courts pour éviter les risques de strangulation

COIN À LANGER

- Regroupez le nécessaire à langer en un même endroit pour ne pas avoir à laisser l'enfant seul. Il sera plus en sécurité sur le sol, mais, si vous avez une table à langer, n'oubliez pas qu'il peut rouler sur le côté en un instant.
- Évitez les étagères au-dessus du coin à langer : quelque chose pourrait en tomber.
- Rangez les objets hors de sa portée.
- Si vous utilisez du talc, mettez-le sur vos mains puis frottez-les l'une contre l'autre pour éviter de faire voler un nuage de fine poussière autour de lui.

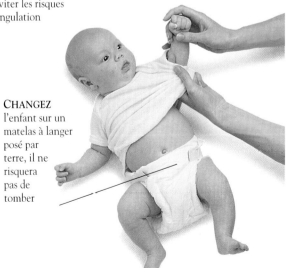

CHANGEZ l'enfant sur un matelas à langer posé par terre, il ne risquera pas de tomber

La chambre d'enfant

LES LITS
- Posez une barrière de sécurité le temps que le jeune enfant s'habitue à un lit sans barreaux.
- Un lit surélevé doit avoir une galerie de sécurité des deux côtés et l'espace entre les traverses et entre le matelas et le haut de la galerie doit être de 6 à 7,5 cm.
- Il n'est pas conseillé de mettre un enfant de moins de six ans dans un lit surélevé.
- Ne laissez jamais un jeune enfant jouer dans un lit surélevé.
- Retirez pour la nuit les jouets restés par terre au pied du lit.

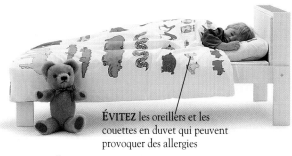

ÉVITEZ les oreillers et les couettes en duvet qui peuvent provoquer des allergies

FENÊTRES
L'enfant ne doit pas pouvoir y grimper. Même si sa chambre est au rez-de-chaussée, il court un risque s'il tombe.
- Posez une fermeture de sécurité, mais assurez-vous que vous pourrez ouvrir la fenêtre facilement en cas d'incendie.
- Évitez de mettre un meuble sous la fenêtre : l'enfant serait tenté d'y grimper.

JOUETS (voir p. 117)
- Essayez de conserver à part les jouets contenant des petites pièces pour pouvoir les mettre facilement à l'écart si l'enfant partage sa chambre avec un tout-petit ou si vous avez un jeune visiteur.

119

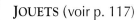

METTEZ une toile antidérapante sous les tapis

Votre chambre

- **Médicaments** Ne les conservez pas près de votre lit ou sur la table de toilette. Placez-les hors de vue et hors d'atteinte.
- **Ciseaux et nécessaire à couture** Rangez-les dans un tiroir ou un placard que l'enfant ne peut atteindre.
- **Parfums, laques et produits de maquillage** Pour éviter que l'enfant ne se les mette dans les yeux ou ne les avale, rangez-les hors de sa portée ou dans un tiroir muni d'une fermeture de sécurité.

- **Tasses en porcelaine et verres** Ne laissez jamais une tasse ou un verre au pied de votre lit. Si l'enfant dort avec vous la nuit et tombe à terre, il peut se blesser gravement.

SALLE DE BAINS

Dans cette pièce, l'enfant risque de tomber, de se noyer ou de s'empoisonner. La porte de la salle de bains doit rester fermée pour qu'il ne soit pas tenté d'y entrer. À l'intérieur, posez le verrou très haut afin qu'il ne risque pas de s'y enfermer.

DOUCHE
- Vérifiez régulièrement la température de l'eau.
- Mettez des tapis antidérapants sur le fond de la douche et sur le sol de la salle de bains.
- Posez un film de sécurité sur les panneaux vitrés de la douche pour parer à tout accident.

BAIGNOIRE
- Vérifiez toujours la température de l'eau avant d'y mettre l'enfant. Un tout-petit peut s'ébouillanter gravement si le bain est trop chaud.
- Mettez des tapis antidérapants sur le fond de la baignoire et sur le sol à côté du bain.
- Ne laissez jamais un bébé ou un petit enfant seul dans le bain. Un bébé peut se noyer dans 2,5 cm d'eau. Si vous devez aller ouvrir la porte d'entrée ou répondre au téléphone, prenez l'enfant avec vous.

PLACARDS ET ARMOIRES À PHARMACIE
- Mettez hors d'atteinte, dans un placard avec fermeture de sécurité, les produits d'entretien et autres produits toxiques, tels que détartrant pour les toilettes et eau de Javel.
- Rangez hors d'atteinte, dans une armoire à pharmacie bien fermée, les autres objets dangereux : produits de maquillage, after-shave, rasoir, ciseaux à ongles, médicaments et flacons en verre.

TOILETTES
- Adaptez un siège spécial pour enfants sur vos toilettes afin que l'enfant conserve plus facilement son équilibre et se sente plus en sécurité.
- Refermez toujours l'abattant.
  - N'utilisez pas de blocs d'entretien que l'enfant pourrait retirer et porter à la bouche.
  - N'utilisez pas ensemble un détartrant et de l'eau de Javel : le mélange peut produire des émanations toxiques. • Si votre bambin se sert d'un pot, nettoyez-le bien, mais ne laissez jamais d'eau de Javel ou de produit décapant au fond.

BAIGNEZ l'enfant côté opposé aux robinets

NE LAISSEZ jamais l'enfant seul dans le bain

METTEZ un tapis antidérapant dans la baignoire

120

JARDIN

Il n'est pas nécessaire d'être bon jardinier pour faire de son jardin un lieu sûr et intéressant pour les enfants. Ils choisiront leur propre coin pour jouer ; vous devez simplement éviter les risques les plus évidents.

• Jetez tous les détritus. • Vérifiez régulièrement la stabilité et la solidité du mobilier de jardin et des jeux de plein air. • Empêchez le chien ou le chat d'aller là où jouent les enfants. • Le dallage doit être régulier et exempt de mousse : les enfants pourraient glisser ou trébucher. • Fermez à clé le portail et assurez-vous de la solidité des barrières.

APPRENEZ à votre enfant
à ne manger ni baies ni feuilles

PLANTES

Beaucoup de plantes sont toxiques si l'on en avale une grande quantité. De petits morceaux, voire une ou deux baies, n'ont pas un effet mortel, mais peuvent causer des malaises stomacaux.

• Expliquez à l'enfant pourquoi il ne doit pas manger les baies et gardez les plus petits à l'écart des plantes.
• Retirez les plus dangereuses : belladone, cytise ou champignons vénéneux.
• Élaguez les espèces à épines, telles que rosier, mûrier et houx, qui peuvent faire très mal, surtout aux yeux.

ABRIS DE JARDIN

Un abri de jardin est un lieu particulièrement attirant pour les enfants.

• S'il contient du matériel de jardinage et des outils, dites à l'enfant que c'est interdit et fermez-le à clé.
• Placez hors de portée les produits chimiques tels que désherbants et insecticides.

BASSINS, PATAUGEOIRES ET CITERNES

Les enfants courent un danger s'ils glissent et tombent dans l'eau, même s'il y a peu de profondeur.

• Ne laissez jamais un enfant sans surveillance à proximité d'un point d'eau.
• Recouvrez bassins, citernes et seaux qui recueillent l'eau de pluie.
• Videz la pataugeoire dès que les enfants ont fini de jouer.

JARDINAGE

• N'épandez pas de produits chimiques lorsque des enfants doivent aller jouer dans le jardin.
• Ne tondez pas la pelouse lorsque des enfants sont à proximité, car la machine peut projeter du gravier dans l'œil d'un enfant.
• Posez un disjoncteur sur tout matériel électrique tel que tondeuse et taille-haie.
• Rangez les outils de jardin dès que vous avez fini de vous en servir.

SURVEILLEZ constamment les petits enfants. Assurez-vous qu'ils jouent dans des endroits sûrs et avec des jouets sans risques

121

EXTÉRIEUR

Après la maison, la plupart des accidents concernant les enfants se produisent dans la rue. Enseignez à votre enfant dès son plus jeune âge les règles de la route en lui rappelant qu'il doit penser aux voitures et traverser au bon endroit. Les enfants mettent très longtemps à acquérir un véritable sens de la route.

SUR LA ROUTE

- À trois ans, un enfant peut apprendre que le trottoir est sûr mais la route dangereuse.
- À cinq ans, il peut apprendre à traverser, mais n'est pas encore capable de mettre de lui-même cette connaissance en pratique.
- À huit ans, il peut traverser seul des rues tranquilles, mais n'est pas encore en mesure d'estimer la vitesse et la distance d'un véhicule.
- À douze ans, il peut estimer la vitesse d'une voiture qui vient, mais se laisse encore facilement distraire par ses camarades.

DANS LA RUE

Lorsque vous sortez avec votre enfant, montrez-lui comment veiller à sa propre sécurité.

- Avec un tout-petit, utilisez des guides pour l'empêcher de s'échapper.
- Tenez l'enfant par la main quand vous êtes près de la rue ou que vous attendez pour traverser.
- Enseignez par l'exemple et traversez toujours à un endroit sûr, qui peut être :
  - ▲ *Un passage protégé ; attendez sur l'îlot au centre, s'il y en a un.*
  - ▲ *Un passage protégé par des feux. Incitez l'enfant à appuyer sur le bouton, s'il y en a un, et attendez que les voitures s'arrêtent.*
  - ▲ *Un passage souterrain.*
  - ▲ *Une passerelle.*
  - ▲ *Un large espace entre des voitures garées où l'enfant peut voir loin dans les deux directions.*

Comment traverser la route

Enseignez à votre enfant les règles de la route.

- ▲ *Trouver un endroit sûr pour traverser et s'arrêter.*
- ▲ *Se tenir sur le trottoir, près du bord.*
- ▲ *Regarder la circulation dans tous les sens et écouter.*
- ▲ *S'il y a des voitures, les laisser passer.*
- ▲ *Quand il n'y a aucun véhicule, traverser la rue tout droit.*
- ▲ *Continuer à regarder et à écouter s'il y a des voitures pendant que l'on traverse.*

BICYLETTES

- Les enfants de moins de onze ans ne devraient pas rouler à bicyclette sur les routes.
- Faites suivre à votre enfant un cours à la Prévention routière avant de le laisser aller sur la route.
- L'enfant doit être visible de loin quand il roule à bicyclette, avec des couleurs fluorescentes le jour et des réflecteurs sur ses vêtements et son vélo la nuit. Il doit porter un casque pour se protéger la tête.

OBLIGEZ votre enfant à porter un casque

SA BICYCLETTE doit être bien entretenue

JEUX

Ce qui peut vous paraître évident ne l'est pas toujours pour un enfant. Apprenez-lui ces quelques règles de prudence :

- Jouer en plein air comporte des risques, surtout à certains endroits tels que routes ou chantiers en construction.
- Il ne doit pas jouer sur la chaussée ni même sur le trottoir près du bord.
- Il ne doit pas aller sur la chaussée pour rattraper un ballon, un animal ou un camarade.
- Il ne doit pas traverser la route entre deux voitures garées tout près l'une de l'autre.

VOITURES D'ENFANT

- Ne poussez pas une voiture d'enfant sur la chaussée pour voir si vous pouvez traverser. Mettez-la sur le côté et avancez pour regarder. N'oubliez pas qu'une voiture d'enfant est à environ 1 m en avant de vous. • Lorsque vous arrêtez la voiture d'enfant, mettez le frein et ne l'orientez pas vers la route. • N'attachez jamais un chien à la poussette. • Ne laissez pas un bébé sans surveillance.

ATTACHEZ le bébé dans sa poussette

Au parc

Les parcs doivent obéir à certaines normes de sécurité élémentaires.

- L'aire de jeux doit être entourée d'une barrière solide et être isolée de la rue.
- Le sol entourant les jeux doit être fait d'un revêtement souple et régulier, comme des morceaux de liège ou des carreaux de caoutchouc.
- Les toboggans ne doivent pas faire plus de 2,40 m et doivent être installés sur un monticule de terre pour amortir les chutes.
- Les tourniquets doivent être bas, avec une surface lisse, conçus de manière que les enfants ne puissent pas se coincer les pieds dessous.
- Les échelles et les filets ne doivent pas faire

LA BALANÇOIRE doit être installée à l'écart des autres jeux, pour empêcher les enfants de courir devant ou derrière elle

plus de 2,40 m, être très stables et être installés sur du sable ou une surface souple pour amortir les chutes.

- Il doit y avoir une aire de jeux bien définie pour les tout-petits, à l'écart des activités plus remuantes des grands.
- Il doit y avoir un responsable à contacter si le matériel est défectueux.
- Les chiens ne doivent pas être admis à l'intérieur de l'aire de jeux.

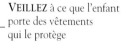

VEILLEZ à ce que l'enfant porte des vêtements qui le protège

APPRENEZ-LUI à bien utiliser le matériel

INCONNUS *Apprenez à votre enfant qu'il est dangereux de parler à des inconnus. Ayez un mot codé qu'un ami peut utiliser s'il va le chercher à votre place. Dites à votre enfant de ne pas suivre quelqu'un qui ne connaît pas le code.*

GARAGE ET SÉCURITÉ EN VOITURE

GARAGE

- Fermez toujours la porte du garage et insistez pour que l'enfant n'y entre pas.
- Rangez le matériel, les produits chimiques et les outils hors de portée des enfants et sous clé, si possible.
- Vérifiez bien où se trouve l'enfant quand vous entrez ou sortez la voiture du garage.
- Si vous avez un congélateur au garage, il doit être verrouillé en permanence.

VOITURE

- Ne laissez jamais un jeune enfant sans surveillance dans une voiture.
- Ne laissez pas un enfant jouer avec les fenêtres. Une fenêtre à commande électrique peut coincer la main ou la tête d'un enfant.
- Retirez l'allume-cigare.
- Attention aux doigts des enfants quand vous fermez les portières.
- Utilisez les fermetures de sécurité à l'arrière jusqu'à ce que l'enfant ait six ans au moins.
- Apprenez aux enfants à sortir de la voiture du côté du trottoir.
- Si votre enfant vous aide à laver la voiture, pensez à retirer la clé de contact.

SIÈGES DE VOITURE

Installez toujours l'enfant dans un siège spécial lorsque vous prenez la voiture. Si vous achetez un siège auto d'occasion, assurez-vous qu'il est en bon état, n'a pas été accidenté, et qu'il correspond aux normes en vigueur.

- **Un bébé** de moins de 10 kg – neuf mois environ – doit être assis dans un siège spécial en sens inverse de la marche. Il doit être attaché à son siège par un harnais, le siège étant fixé par la ceinture de sécurité de la voiture. Le siège peut être installé à la place du passager puisque la tête et le dos du bébé sont protégés en cas de choc avant. Le bébé vous verra pendant que vous conduirez.
- N'installez jamais un bébé sur vos genoux ou à l'intérieur de votre ceinture de sécurité : il pourrait être écrasé en cas de choc.

- **Grands bébés et jeunes enfants.** Jusqu'à 18 kg, ils ont besoin d'un siège auto en plastique moulé installé à l'arrière. Certains possèdent un harnais intégral qui passe sur les épaules et entre les jambes. Ces sièges s'attachent à l'aide de la ceinture de sécurité ou par des lanières que l'on peut fixer à la voiture. Dans d'autres cas, la ceinture de sécurité retient ensemble l'enfant et le siège.

- **Enfants de 4 à 11 ans.** Ils doivent avoir un siège qui les surélève, sinon, la ceinture de sécurité est inefficace et même dangereuse : la bretelle passera sous le cou de l'enfant et la partie médiane de la ceinture lui passera sur l'estomac. En cas de choc, elle peut endommager le foie ou la rate. Avec un siège surélevé, la bretelle traverse le haut du thorax et la partie inférieure de la ceinture passe sur les hanches de l'enfant. La bretelle est nécessaire car elle retient la partie supérieure du corps.

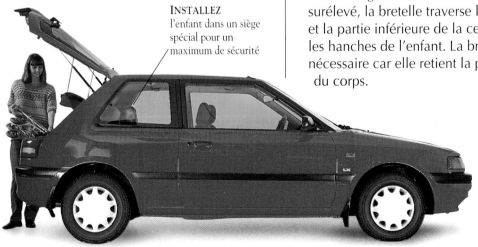

INSTALLEZ l'enfant dans un siège spécial pour un maximum de sécurité

INDEX

125

126

127

Remerciements

British Red Cross
First Aid Training Department :
Mr Anthony Kemp, Miss Lyn Covey, Mr Joe Mulligan

Sécurité à la maison : conseils sur le contenu et vérification du texte par le docteur Sara Levene, du Child Accident Prevention Trust

Dorling Kindersley tient à remercier :
Lorna Damms et Ros Fishel pour l'aide éditoriale ; Sarah Ashun et Gary Ombler qui ont assisté les photographes ; Wendy Holmes pour la mise en pages ; Hilary Bird pour l'index, et les personnes suivantes qui ont servi de modèles :

Enfants : Aleena Awan (4), Navaz Awan (3), Amy Davies (9), Thomas Davies (7), James Dow (6), Kyla Edwards (6), Austin Enil (5), Lia Foa (11), Maya Foa (9), Kashi Gorton (7), Emily Gorton (4), Thomas Greene (5), Alexander Harrison (7), Rupert Harrison (5), Ben Harrison (2), Jessica Harris-Voss (3), Jake Hutton (3 mois), Rosemary Kaloki (10), Winnie Kaloki (8), Ella Kaye (11), Maddy Kaye (9), Jade Lamb (3), Emily Leney (5), Harriet Lord (3), Ailsa McCaughrean (4),

Fiona Maine (9), Tom Maine (6), Maija Marsh (4), Oliver Metcalf (4), Eloise Morgan (3), Tom Razazan (9), Jimmy Razazan (7), Rebecca Sharples (8), Ben Sharples (6), Thomas Sharples (4), Ben Walker (10), Robyn Walker (8), Amy Beth Walton Evans (2), Hanna Warren-Green (5), Simon Weekes (6), Joseph Weir (2)

Adultes : Shaila Awan, Georgina Davies, Marion Davies, Sophie Dow, Tina Edwards, Rachel Fitchett, Emma Foa, Caroline Greene, Claire le Bas, Susan Harrison, Victoria Harrison, Julia Harris-Voss, Emma Hutton, Helga Lien Evans, Sylvie Jordan, Jane Kaloki, David Kaye, Louise Kaye, Geraldine McCaughrean, Diana Maine, Brian Marsh, Jonathon Metcalf, Françoise Morgan, Hossein Razazan, Angela Sharples, John Sharples, Vanessa Walker, Catherine Warren-Green, Toni Weekes

Mise en pages : Pebbles, Geoff Portas

Photographies supplémentaires : Dave King, Ray Mollers, Suzannah Price, Dave Rudkin, Steve Shott

NUMÉROS D'URGENCE

DOCTEUR
Nom : ———————————————
Adresse : ———————————————
———————————————
Téléphone : ———————————————
Heures de consultation : ———————————

INFIRMIÈRE
Nom : ———————————————
Adresse : ———————————————
———————————————
Téléphone : ———————————————
Heures : ———————————————

DENTISTE
Nom : ———————————————
Adresse : ———————————————
———————————————
Téléphone : ———————————————
Heures de consultation : ———————————

HÔPITAL, SERVICE DES URGENCES
Adresse : ———————————————
———————————————
Téléphone : ———————————————

SAMU
Téléphone : ———— 15 ————

PHARMACIE
Adresse : ———————————————
———————————————
Téléphone : ———————————————

POMPIERS
Téléphone : ———— 18 ————

ÉLECTRICITÉ, URGENCES
Téléphone : ———————————————

GAZ, URGENCES
Téléphone : ———————————————

POLICE SECOURS
Téléphone : ———— 17 ————

COMMISSARIAT DE POLICE
Adresse : ———————————————
Téléphone : ———————————————

TAXIS
Téléphone : ———————————————

AMBULANCE
Téléphone : ———————————————

EN CAS D'URGENCE, ———————————
APPELER : ———————————————

Croix-Rouge française

La Croix-Rouge donne des cours de secourisme pour tous les âges. Pour plus de renseignements, prenez contact avec le centre de la Croix-Rouge le plus proche de votre domicile. Vous trouverez le numéro dans les Pages jaunes ou sur le Minitel.

Croix-Rouge française
1, place Henri-Dunant
75008 Paris
Tél. : (1) 44.43.11.00